John Stuart Mill

# La esclavitud femenina

## Traducción de Emilia Pardo Bazán

Barcelona **2024**
**Linkgua-ediciones.com**

# Créditos

Título original: La esclavitud femenina.
Traducción: Emilia Pardo Bazán.

© 2024, Red ediciones S.L.

e-mail: info@Linkgua-ediciones.com

Diseño de cubierta: Michel Mallard.

ISBN tapa dura: 978-84-1126-322-1.
ISBN rústica: 978-84-9953-976-8.
ISBN ebook: 978-84-9953-294-3.

# Sumario

# Brevísima presentación

## La vida

Emilia Pardo Bazán (1851-1921). España.
Nació el 16 de septiembre en A Coruña. Hija de los condes de Pardo Bazán, título que heredó en 1890. En su adolescencia escribió algunos versos y los publicó en el *Almanaque de Soto Freire*.

En 1868 contrajo matrimonio con José Quiroga, vivió en Madrid y viajó por Francia, Italia, Suiza, Inglaterra y Austria; sus experiencias e impresiones quedaron reflejadas en libros como *Al pie de la torre Eiffel* (1889), *Por Francia y por Alemania* (1889) o *Por la Europa católica* (1905).

En 1876 Emilia editó su primer libro, *Estudio crítico de Feijoo*, y una colección de poemas, *Jaime*, con motivo del nacimiento de su primer hijo. *Pascual López*, su primera novela, se publicó en 1879 y en 1881 apareció *Viaje de novios*, la primera novela naturalista española. Entre 1831 y 1893 editó la revista *Nuevo Teatro Crítico* y en 1896 conoció a Émile Zola, Alphonse Daudet y los hermanos Goncourt. Además tuvo una importante actividad política como consejera de Instrucción Pública y activista feminista.

Desde 1916 hasta su muerte el 12 de mayo de 1921, fue profesora de Literaturas románicas en la Universidad de Madrid.

## Prólogo de Emilia Pardo Bazán

Hallábame en Oxford el año pasado mientras celebraba sus sesiones la Asociación británica para el adelanto de la cultura, y entre los contados estudiantes que aún quedaban, topé con un inglés, hombre de buen entendimiento, de esos a quienes se les habla sin ambajes. Llevóme por la tarde al nuevo Museo, henchido de ejemplares curiosos; allí se dan series de lecciones, se prueban nuevos aparatos; las señoras asisten y se interesan por los experimentos, y el último día, llenas de entusiasmo, cantaron el God save the queen. Admiraba yo aquel celo, aquella solidez mental, aquella organización científica, aquellas subscripciones voluntarias, aquella aptitud para la asociación y el trabajo, aquel vasto mecanismo que tantos brazos impulsan, tan adecuado para acumular, contrastar y clasificar los hechos. Y, sin embargo, en medio de la abundancia noté un vacío: al leer las reseñas y actas, pareciéronme las de un congreso fabril; ¡tantos sabios reunidos solo para verificar detalles y trocar fórmulas! Creía yo escuchar a dos gerentes que discuten el curtido de la suela o el tinte del algodón: faltaban las ideas generales...

»Quejéme de esto a mi amigo el inglés, y, a la luz de la lámpara, en medio del alto silencio nocturno que envolvía a la ciudad universitaria, los dos indagábamos la razón del fenómeno.

»Un día me atreví a proferir:

—Es que carecen ustedes de filosofía, es decir, de lo que llaman metafísica los alemanes. Tienen ustedes sabios, pero no tienen ustedes pensadores. El Dios de los protestantes es una rémora: causa suprema, por respeto a Él nadie razona sobre las causas. Nunca un monarca consintió que se examinasen sus títulos a reinar. Ustedes poseen un Dios-monarca útil, moral y conveniente: le profesan ustedes cordial afecto: temen ustedes, si le tocan, debelar la moral y la Constitución. Por eso abaten ustedes el vuelo y se reducen a las cuestiones de hecho, a disecciones al por menor, a trabajos de laboratorio. Herborizan y cogen conchas. La ciencia está decapitada; pero ¿qué importa? la vida práctica sale ganando, y el dogma queda incólume.

—»Ahí verá usted —contestó pausadamente mi amigo— lo que son los franceses. Sobre un hecho forjan una teoría general. Aguárdese usted veinte años, y encontrará en Londres las ideas de París y de Berlín.

—Bueno, las de París y de Berlín; ¿pero qué tienen ustedes en pensamiento original?

—Tenemos a Stuart Mill.

—¿Y quién es Stuart Mill?

—Un político. Su opúsculo De la libertad es tan excelente, como detestable *El Contrato Social* de su Rousseau de ustedes.

—Son palabras mayores.

—Pues no exagero; Mill saca triunfante la independencia del individuo, mientras Rousseau implanta el despotismo del Estado.

—En todo eso no veo al filósofo; ¿qué más ha hecho el tal Stuart Mill?

—Elevar a la economía política a la altura máxima de la ciencia, y subordinar la producción al hombre, en vez de subordinar el hombre a la producción.

—El filósofo no ha salido todavía. ¿Qué más, qué más?

—Stuart Mill es un lógico profundo.

—¿De qué escuela?

—De la suya. Ya he dicho a usted que era original.

—¿Hegeliano?

—¡Quiá! Es hombre de pruebas y datos.

—¿Sigue a Port Royal?

—Menos: como que domina las ciencias modernas.

—¿Imita a Condillac?

—No señor. En Condillac solo se aprende a escribir bien.

—Entonces, ¿cuáles son sus númenes?

—En primer lugar, Locke y Comte, después Hume y Newton.

—¿Es un sistemático, un reformador especulativo?

—Le sobran para serlo cien arrobas de talento. Camina paso a paso y sentando la planta en tierra. Sobresale en precisar una idea, en desentrañar un principio, comprobarlo al través de la complejidad de los casos, refutar, argüir, distinguir. Tiene la sutileza, la paciencia, el método y la sagacidad, de un leguleyo.

—Bueno, pues está usted dándome la razón: leguleyo; es decir, pariente de Locke, de Newton, de Comte y de Hume... filosofía inglesa. ¿No ha tenido una idea de conjunto?

—Sí.

—¿Una idea propia, completa, sobre la naturaleza y el espíritu?

—Sí, y lo voy a demostrar.»

Al frente de este prólogo he querido intercalar aquí el anterior fragmento de la famosa Historia de la literatura inglesa, de Taine —fragmento que forma parte del larguísimo estudio consagrado a Stuart Mill en el tomo de Los contemporáneos—; porque tan expresivo trozo me ahorra todo panegírico del autor de La Esclavitud femenina, y contiene el más alto encomio que hacerse puede del escritor y el pensador. Ante el espectáculo majestuoso de la próspera nación inglesa, que señorea los mares y lleva a los últimos confines orientales y occidentales del mundo la energía de su raza y la expansión de su comercio; ante las riquezas del emporio londonense y la activísima vida fabril de Manchester y Liverpool; ante el poderío, la ciencia, el orgullo, el dominio, la atlética constitución de esos tres reinos que van al frente de la civilización de Europa, Taine echa de menos una cabeza... un pensamiento humano, un vuelo de águila, un rayo de luz intelectual... Y esa cabeza es la de Stuart Mill, y ese rayo de luz brota de su pluma.

Ni es Taine el único que tan eminente papel reconoce a Stuart Mill. Odysse Barot, en su Historia de la literatura contemporánea de Inglaterra, le consagra estas frases: «John Stuart Mill es el piloto intelectual de nuestro siglo, el nombre que contribuyó, más que otro alguno de esta generación, a marcar rumbo al pensamiento de sus contemporáneos. Quizá no ha inventado nada, no ha creado sistema alguno, y la mayor parte de sus ideas fundamentales se derivan de sus predecesores; pero lo ha transformado todo, y ha cambiado la dirección de la gigantesca nao del humano espíritu.» Aun cuando la importancia del autor del Sistema de lógica deductiva e inductiva es uno de esos datos de cultura general ya indiscutibles, no está de más recordarlo en el momento presente, cuando ofrezco a los lectores españoles la versión de la obra tal vez más atrevida e innovadora de Stuart Mill, o sea el Tratado de la Esclavitud femenina.

Juan Stuart Mill nació en Londres el 20 de mayo de 1806, siendo su padre Jacobo Mill, historiador de las Indias y autor del Análisis del entendimiento. La ley de transmisión hereditaria, que Juan Stuart Mill había de comprobar con gran aparato de razones, tuvo en él patente demostración; fue un pensador, hijo de otro pensador profundo, y original, aunque incluido entre los discípulos de Bentham. La educación de Stuart Mill, tal cual la refiere en sus *Memorias*, se debe a aquel padre ilustre, más bien que a pedagogos y catedráticos. Cuando el chico solo tenía seis años de edad, escribía su padre a Bentham: «Haremos de él nuestro digno sucesor.» Juan fue el alumno predilecto de Bentham y de Say; mamó con la leche, por decirlo así, la economía política. Serio, práctico, resuelto a ganarse con su trabajo la vida, aceptó un empleo en la Compañía de Indias, y en el puesto permaneció treinta y cinco años. Antes de ir a la oficina dedicábase al estudio; y aprendía lenguas vivas y muertas, filosofía, administración; en verano, sus apacibles aficiones le acercaban más a la naturaleza; excursionaba a pie, como buen inglés, y recogía plantas y, hierbas, y hacía experimental su conocimiento de la geología y la mineralogía, porque Stuart Mill no comprendió nunca a los sabios de gabinete. Al mismo tiempo fundaba una asociación filosófica que se reunía en casa de Grote, el futuro historiador de Grecia, y colaboraba en varias publicaciones, y se estrenaba en debatir problemas económicos, con un Ensayo sobre los bienes de la Iglesia y las Corporaciones. Poco después, algunos artículos suyos sobre Armando Carrel, Alfredo de Vigny, Bentham, Coleridge y Tennyson, cuya gloria fue el primero a vaticinar, le ganaron lucido puesto entre los críticos, y otros ensayos, titulados el *Espíritu del siglo*, hicieron exclamar a Carlyle, que vivía solitario en Escocia: «Aquí asoma un místico nuevo.» En pos viene la era de los grandes trabajos: en 1843 publica el *Sistema de lógica*, y en 1848, los *Principios de economía política*; en 1858, el *Ensayo sobre la libertad*; en 1861, las *Reflexiones sobre el Gobierno representativo*; en 1863, el Utilitarismo; en 1865, el estudio sobre el Positivismo y Augusto Comte; luego el estudio sobre *La filosofía de Hamilton*, y, por último, en 1869, *La esclavitud femenina*, corona de su vida y de su labor filosófica, porque las interesantísimas *Memorias* son obra póstuma; no aparecieron hasta 1873, seis meses después del fallecimiento de Stuart Mill.

Hasta aquí la biografía externa del filósofo, tal cual la refieren los historiadores literarios. La biografía interior es aún más fecunda en enseñanzas, más viva, más interesante para el que guste de estudiar los repliegues del corazón; y sobre todo, se relaciona íntimamente con *La esclavitud femenina*. El mismo Stuart Mill la deja esbozada a grandes rasgos en sus *Memorias*, con esa decencia, moderación y dignidad que es nota característica de su estilo y honor de su elevado espíritu. Tratemos de imitar su ejemplo, y ojalá lo que escribimos con sentimientos tan respetuosos, sea leído con los mismos por las gentes de buen sentido moral y recta intención.

Contaba Stuart Mill veinticuatro años, cuando —son sus palabras— formó el amistoso lazo que fue decoro y dicha mayor de su existencia, al par que origen de sus ideas más excelentes, y de cuanto emprendió para mejorar las condiciones de la humanidad. «En 1830 —añade— es cuando fui presentado a la mujer que después de ser veinte años mi amiga, consintió al fin en ser mi esposa.» No demos aquí al dulce nombre de amiga el sentido más que profano que tiene en nuestra castiza habla; entendámoslo sin reticencia, porque la obligación general de pensar caritativa y limpiamente, sube de punto al tratarse de dos seres humanos de tan alta calidad moral como Stuart Mill y la señora de Taylor. He aquí cómo pinta a esta señora el gran filósofo: «Desde luego, parecióme la persona más digna de admiración que he conocido nunca. Ciertamente no era todavía la mujer superior que llegó a ser más adelante, y añadiré que nadie, a la edad que ella tenía cuando por primera vez la vi, puede alcanzar tanta elevación de espíritu. Diríase que por ley de su propia naturaleza fue progresando después, en virtud de una especie de necesidad orgánica que la impulsaba al progreso, y de una tendencia propia de su entendimiento, que no podía observar ni sentir cosa que no le diese ocasión de aproximarse al ideal de la sabiduría. Ello es que, cuando la conocí, su rica y vigorosa naturaleza no tenía otro desarrollo sino el habitual del tipo femenino. Para el mundo, era la mujer linda y graciosa, adornada con sorprendente y natural distinción. Para sus amigos, ya aparecía revestida de sentimiento intenso y profundo, de rápida y sagaz inteligencia, de ensoñadora y poética fantasía. Habíase casado muy niña con un hombre leal, excelente y respetado, de opiniones liberales y buena educación; y si bien no tenía las aficiones intelectuales y artísticas de su mujer, encontró en él un tierno y firme compañero, y ella por su parte le demostró la más sincera estimación y el más seguro afecto en vida, consagrándole en muerte recuerdo perseverante y cariñoso. Excluida, por la incapacidad social que pesa sobre la mujer, de todo empleo digno de sus altísimas facultades, repartía sus horas entre el estudio y la meditación y el trato familiar con un círculo selecto de amigos, entre los cuales se contaba una mujer de genio, que ya no existe.

»Tuve la dicha de ser admitido en este círculo, y pronto observé que la señora de Taylor poseía juntas las cualidades que yo no había encontrado hasta entonces más que distribuidas entre varios individuos... El carácter general de su inteligencia, su temperamento y su organización, me impulsaban por aquel tiempo a compararla con el poeta Shelley; pero en cuanto a alcance y profundidad intelectual, a Shelley (tal cual era cuando le arrebató prematura muerte), le considero un niño en comparación de lo que llegó a ser andando el tiempo la señora de Taylor. Si la carrera política fuese accesible a la mujer, su gran capacidad para conocer el corazón humano, el discernimiento y sagacidad que demostró en la vida práctica, la aseguraban puesto eminente entre los guías de la humanidad.

Estos dones de la inteligencia estaban al servicio del carácter más noble y mejor equilibrado que jamás encontré. En ella no había rastro de egoísmo, y no por efecto de imposiciones educativas, sino por virtud de un corazón que se identificaba con los sentimientos ajenos y les prestaba su energía propia. Diríase que en ella dominaba la pasión de la justicia, a no contrarrestarla una generosidad sin límites y una ternura que siempre estaba dispuesta a derramar. A la más noble altivez unía la modestia más franca, ostentando al par sencillez y sinceridad absoluta con los buenos. La bajeza, la cobardía, la causaban explosiones de sumo desprecio; encendíase en indignación cuando veía acciones de esas que revelan inclinaciones brutales, tiránicas, vergonzosas o pérfidas. Sin embargo, sabía distinguir muy bien entre las faltas que son mala in se y las que son únicamente mala prohibita; entre lo que descubre el fondo de maldad del carácter y lo que solo entraña desacato a lo convencional...

»No era posible que se estableciese contacto psíquico entre una persona como la señora Taylor y yo, sin que me penetrase su benéfico influjo», mas el efecto fue lento, y corrieron años antes que su espíritu y el mío llegasen a la perfecta comunión que al cabo realizaron. Yo salí ganando en la transmisión recíproca, aun cuando ella me debió firme apoyo en ideas y convicciones que sola se había formado. Los elogios que a veces escucho por el espíritu práctico y el sentido de realidad que diferencia mis escritos de los de otros pensadores, a mi amiga los debo. Las obras mías que ostentan este sello peculiar, no eran mías solamente, sino fruto de la fusión de dos espíritus. Verdad que el influjo de la señora de Taylor, aun después de que esta señora rigió el progreso de mi entendimiento, no me hizo cambiar de dirección, pues coincidíamos.»

Coincidían sin duda alguna aquel hombre y aquella mujer, en quienes las dos mitades de la humanidad, separadas en cuanto al alma por una mala inteligencia ya secular y crónica, parecían haberse reunido por vez primera sin ningún género de restricción ni limitación mezquina, funesta y triste. Este ideal de unión entre varón y hembra no será más estético, pero quizá es más moral y fortalecedor que otro ideal ya muerto, expresado por el poeta de La Vita nuova, al decir de su Beatrice:

> Tanto gentile e tanto onesta pare
> La donna inia, quand' ella altrui saluta,
> Ch 'ogni lingua divien tremando muta
> E gli occhi non ardiscon di guardare.
> ...............................................
> E parche della sua labbia si muova
> Uno spirto snave e pien d' amore,
> Che va dicendo al anima: sospira.

No se crea que ingiero aquí por casualidad los nombres de Dante y Beatriz Portinari. Es que acudieron a mi memoria y se grabaron en mi pensamiento, mientras leía las páginas consagradas por Stuart Mill a su compañera. En la historia de los sentimientos amorosos (démosles su verdadero nombre, que nada tiene en este caso de equívoco o denigrante, al contrario) los del poeta florentino hacia la gentil donna me había parecido siempre que sobresalían por su encanto, elevación y delicadísimo y quintesenciado linaje. Confieso que de algún tiempo a esta parte he modificado mi opinión, y las reflexiones sobre el caso de Stuart Mill y la señora Taylor, confirman esta evolución de mis ideas, que trataré de explicar.

No comprendía yo, en aquellos tiempos en que el amor dantesco se me figuraba la más exquisita flor del sentimiento sexual, que el amor dantesco es precisamente la negación de la suma de ideal posible en ese sentimiento potentísimo que rige a los astros en su carrera y conserva la creación. El amor de Dante a Beatriz condensa toda la suma de desdenes, odios, acusaciones y vejámenes que la antigüedad y los primeros siglos, cristianos de intención, pero aún no penetrados del espíritu cristiano más generoso y puro, acumularon sobre la cabeza de Eva. Considerad, en efecto, que el gran poeta gibelino —mientras cantaba y lloraba y suspiraba a Beatriz en las terzine de La *Divina Comedia*, en los sonetos de la Vita nuova, en las páginas del Convito y del Canzoniere— tenía su mujer propia, legítima, Gemma Donati, y en ella le nacía dilatada prole. Los que con más detenimiento y seriedad han estudiado la vida y los escritos del Alighieri, se inclinan a la opinión de que Beatriz, es decir, la Beatriz del poeta, nunca existió, siendo mera creación alegórica, figura soñada, en que bajo forma de mujer quiso el poeta representar la teología, la filosofía, la idea platónica... todo menos un ser real, una mujer de carne y hueso. Sería muy curioso cotejar el amor fantástico de Dante por la imaginaria Bice, y el de Don Quijote por la no menos imaginaria Dulcinea. Ambos amores, o si se quiere accesos de calentura poética, son formas de una idealidad que busca en la abstracción y el símbolo lo que no quiso encontrar en la realidad y en la vida. Poetizaban aquellos insignes artistas a la mujer, como poetizamos al árbol, a la fuentecilla, a la pradera, al mar, que sabemos que no nos han de entender, porque no tienen entendimiento, ni nos han de corresponder, porque no están organizados para eso, y así es nuestra propia alma la que habla al mar y la que en la voz del mar se responde a sí misma. Fisiológica y socialmente, Dante tuvo mujer, puesto que vivió en connubio y engendró legítimos sucesores; espiritualmente no tuvo mujer el cantor de Beatriz, ni acaso imaginó nunca que pudiese existir otro modo de consorcio entre varón y hembra sino ese; unióse con el ser inferior para los fines reproductivos y la urdimbre doméstica, mas para el eretismo de la fantasía, el ejercicio de la razón, el vuelo de la musa, la virtú del cielo, el raggio lucente, todo lo que se refiere a las facultades superiores y delicadas, arte, estética, metafísica —para eso, un fantasma, porque el hombre no puede comunicar tales cosas con mujer nacida de mujer.

Stuart Mill y los que como él piensan y sienten (icuán pocos son todavía!) han traído al terreno de la realidad lo que Dante y el caballero manchego y la infinita hueste de trovadores y soñadores de todas las edades históricas situaron en las nubes, o por mejor decir escondieron y cerraron en los interiores alcázares del alma, sedienta de venturas que nunca ha de probar. Stuart Mill deja translucir en algunos pasajes de La Esclavitud femenina el alto valor de la nueva conquista, de la hermosa reconciliación que procura para todos y ha logrado para sí, verbigracia, cuando dice: «¡Cuán dulce pedazo de paraíso el matrimonio de dos personas instruidas, que profesan las mismas opiniones, tienen los mismos puntos de vista, y son iguales con la superior igualdad que da la semejanza de facultades y aptitudes, y desiguales únicamente por el grado de desarrollo de estas facultades; que pueden saborear el deleite de mirarse con ojos húmedos de admiración, y gozar por turno el placer de guiar al compañero por la senda del desarrollo intelectual, sin soltarle la mano, en muda presión sujeta! No intento la pintura de esta dicha.» Dicha, añado yo, que no estuvo al alcance de Dante, ni de ningún poeta antiguo ni moderno, pero que disfrutó sin tasa el enamorado de la señora Taylor.

Casi un cuarto de siglo después de haberla conocido, unióse Stuart Mill en matrimonio a la mujer «cuyo incomparable mérito», escribe el filósofo, «y cuya amistad fueron manantiales de donde brotó mi dicha, y donde se regeneró mi espíritu por espacio de tantos años en que ni se nos ocurrió que pudiésemos llegar a juntarnos con lazo más estrecho. Por más que en cualquier época de mi vida yo hubiese aspirado ardientemente a fundir mi existencia con la suya, ella y yo hubiésemos renunciado eternamente a tal privilegio, antes que deberlo a la prematura muerte del hombre a quien yo sinceramente respetaba y ella tiernamente quería. Mas sobrevino este triste acontecimiento en julio de 1849, y no vi razón para no extraer de la desgracia mi mayor ventura, añadiendo a la red de ideas, sentimientos y trabajos literarios que venía tejiéndose desde tiempo atrás, una nueva y fuerte malla que ya no se rompiese nunca. ¡Solo siete años y medio gocé esta dicha! No encuentro palabra que exprese lo que fue para mí el perderla, ni lo que es aún... Vivo en absoluta comunión con su recuerdo.»

Cierto: Stuart Mill no fue uno de esos viudos de sainete, que se enjugan las lágrimas del ojo derecho mientras con el izquierdo hacen guiños a una muchacha; no lloró a su mujer derramando ríos de tinta, mientras el corazón reía a nuevos halagos. De los quince años que sobrevivió Stuart Mill, no pasó ninguno sin que dedicase varios meses a vivir en Aviñon, donde su mujer está enterrada; y al objeto adquirió una casita próxima al cementerio, desde cuyas ventanas veía la tumba. Ni viajes, ni luchas políticas y parlamentarias, ni grandes y asiduos trabajos económicos y filosóficos, atenuaron la viveza del recuerdo y del dolor. Sus biógrafos nos dicen que recorrió Italia, Grecia, Suiza, muchas veces a pie y herborizando, pero sin encontrar, entre las flores y plantas que prensaba con la doble hoja de papel, la preciosa florecilla del consuelo, recogiendo en cambio los no me olvides de la eterna anyoranza... Cercano ya el término de su vida mortal, volvióse a Aviñón, para morir cerca de la amada y dormir a su lado para siempre... Yo no sé si esto es poesía, aunque me inclino a que lo es, y muy bella; pero puedo jurar que esto ¡esto sí! es matrimonio... himeneo ascendido de la esfera fisiológica a la cima más alta de los afectos humanos.

Repito que nunca con mayor razón que en el caso singularísimo de Stuart Mill, se impone el deber moral de no nutrir el pensamiento en la ponzoña de la malicia. A varón tan justo, tan sincero y tan noble, no haremos mucho en creerle por su honrada palabra, no viendo en su trato con la señora Taylor, hasta la muerte del primer esposo, sino lo que el mismo Stuart Mill declara explícitamente que había un lazo de incomparable amistad. «Nuestra conducta durante aquel período» —dice textualmente— «no dio el más mínimo pretexto para suponer otra cosa que la verdad: que nuestras relaciones eran tan solo las que dicta un vivo afecto y una intimidad fundada en confianza absoluta. Porque si bien es cierto que en cuestión tan personal no juzgábamos que fuese obligatorio acatar las convenciones sociales, en cambio creíamos que era deber nuestro no atentar en lo más mínimo al honor del señor Taylor, que era también el de su esposa.»

Se me dirá que siempre son sospechosas tales amistades. No lo negaré, pues cabe la sospecha en todo, y un conterráneo de Stuart Mill, Shakespeare, dijo por boca del mayor celoso y desconfiado: «Aunque fueses limpia como la nieve, no evitarás la maledicencia». Solo que, en historias como la que voy refiriendo, las sospechas más siniestras nacen siempre de los espíritus más corrompidos. El que no es capaz de comprender que dos seres humanos de distinto sexo se reúnan sino para un solo fin, tal vez delata, sin

**22**

darse cuenta de ello, su verdadero estado de conciencia: exhibe imprudente un espejo, en cuya Luna se copia la máscara bestial del sátiro.

En la amistad de Stuart Mill con la señora Taylor, bien patente está el fin a que cooperaron reuniendo sus esfuerzos intelectuales y beneficiándolos mutuamente. «El primer libro mío —dice Stuart— en que fue marcada y notoria la colaboración de mi mujer, son los *Principios de economía política*. El *Sistema de lógica* no le debe tanto, excepto en los detalles de composición, punto en que me ha sido muy útil para todos mis escritos cortos o largos, con sus observaciones llenas de penetración y sagacidad. Pero cierto capítulo de la Economía política, que ha ejercido sobre la opinión más influencia que el resto del libro; el que trata del «Porvenir de las clases obreras», ese pertenece por completo a mi mujer... Durante los dos años que precedieron a mi retiro del empleo que desempeñé en la Compañía de las Indias, mi mujer y yo trabajamos juntos en mi obra *La libertad*. Al subir las gradas del Capitolio, en enero de 1855, fue cuando se nos ocurrió la idea del libro. Lo escribimos, y ya escrito, de tiempo en tiempo lo remirábamos, lo releíamos, calculando y pesando cada frase».

En vista de todos los antecedentes de este gran cariño y de estos pensamientos gemelos, ya adivino, oh lector, que crees descubrir los móviles que impulsaron al filósofo más ilustre de la Inglaterra contemporánea a escribir la obra cuya traducción te ofrezco, o sea La Esclavitud de la mujer. Imaginas que la pasión y la devoción infundida por la señora Taylor son origen de este libro extraño, radical, fresco y ardoroso, que en nombre del individualismo reclama la igualdad de los sexos y que con el más exacto raciocinio y la más apretada dialéctica pulveriza los argumentos y objeciones que pudiesen oponerse a la tesis. Pues bien, lector, te equivocas, como yo me equivoqué al pronto, por fiarme de apariencias y no recordar que los caracteres enteros y los entendimientos bien lastrados son siempre clave de sí propios, y no pueden mentirse ni engañarse abrazando sin convicción opiniones ajenas, o posponiendo la convicción íntima y sagrada al interés personal. Stuart Mill ni pensó ni escribió La Esclavitud femenina por instigación de la señora de Taylor; lo que hizo fue ligarse más y más a la señora de Taylor cuando hubo visto que aunque esclava por la ley, como las demás de su sexo, tenía el alma independiente, digna de la libertad. Explícitamente lo declara el filósofo; oi-

**23**

gámosle: «Los progresos espirituales que debí a mi mujer no son del género que suponen los mal informados. No faltara quien crea, verbigracia, que la energía con que abogué en favor de la igualdad de los sexos en las relaciones sociales, legales, domésticas y políticas, fue inspirada por la señora de Taylor. Nada de eso; por el contrario, esta convicción mía fue de las primeras que se me impusieron espontáneamente, cuando principié a estudiar las cuestiones políticas, y el calor con que la expuse despertó desde luego el interés de la que había de ser mi esposa. Sin duda que antes de conocerla, mi opinión sobre la mujer no pasaba de ser un principio abstracto. No veía yo ninguna razón plausible para que las mujeres estuviesen sometidas legalmente a otras personas, mientras no lo están los hombres. Hallábame persuadido de que sus derechos necesitaban defensores, y que ninguna protección obtendrían mientras no disfrutasen, como el hombre, el derecho de hacer las leyes que han de acatar. La comunicación con la señora de Taylor me hizo comprender la inmensa trascendencia y los amargos frutos de la incapacidad de la mujer, tal cual he probado a mostrarlos en mi Tratado de la Esclavitud femenina.»

Me siento doblemente dispuesta a creer que preexistía en el ánimo de Stuart Mill el orden de ideas que expone en su libro, porque he visto y conocido por experiencia un caso muy análogo. Mi inolvidable padre, desde que puedo recordar cómo pensaba (antes que yo pudiese asentir con plena convicción a su pensamiento), profesó siempre en estas cuestiones un criterio muy análogo al de Stuart Mill, y al leer las páginas de La Esclavitud femenina, a veces me hieren con dolorosa alegría reminiscencias de razonamientos oídos en la primera juventud, que se trocaron en diálogos cuando comenzó para mí la madurez del juicio. No se impute a orgullo filial (que sería, después de todo, harto disculpable) lo que voy diciendo, pues respeto las jerarquías y no intento dar a entender que mi padre estaba a la altura de un gran filósofo, célebre en todo el mundo. Adornaban a mi padre clarísima inteligencia y no común instrucción; mas donde pudiesen faltarle los auxilios de ambos dones, los supliría el instinto de justicia de su íntegro carácter, prenda en que muchos se le igualarán, pero difícilmente cabrá que nadie le supere. Guiado por ese instinto, juzgaba y entendía de un modo tan diferente de como juzga la mayoría de los hombres, que con haber tratado yo después a bastantes de los que aquí pasan por superiores, en esta cuestión de los derechos de la mujer rara vez les he encontrado a la altura de mi padre. Y repito que así le oí opinar desde mis años más tiernos, de suerte que no acertaría a decir si mi convicción propia fue fruto de aquélla, o si al concretarse naturalmente la mía, la conformidad vino a corroborar y extender los principios que ya ambos llevábamos en la medula del cerebro.

Lo que acabo de escribir —no sin lágrimas nuevas en mis ojos que ya juzgaba secos— tampoco significa que las ideas de mi padre y las mías fuesen exactamente las que Stuart Mill defiende y expone con tal precisión, tan contundente lógica, tal adivinación de las objeciones y tal estrategia para prevenirlas y desbaratarlas. Es imposible estar de acuerdo en todo con ningún libro, ni aun con el Evangelio, lo cual no quita que el Evangelio sea la pura verdad, de pies a cabeza; solo que nuestro entendimiento no abarca entera esa verdad. Hay varios puntos en que yo disiento de Stuart Mill; ¿qué importa? en el conjunto me parece que palpita una gran rectificación de errores, y se desprenden fecundísimas enseñanzas.

No me lisonjeo de que esté preparado el terreno donde han de germinar. No negaré que en las naciones más adelantadas de Europa sorprenden al pronto los progresos materiales obtenidos en lo que va de siglo; mas no guardan relación con los progresos materiales, y el cambio en la condición de la mujer, hasta el límite que la equidad y la razón prescriben, es ante todo y sobre todo un progreso moral, dificilísimo de plantear en el día, según reconoce y pone de manifiesto Stuart Mill en distintos pasajes de su libro.

Difícil, tardío, comprado a precio que solo podemos conocer los que hemos de pagar completo el escote, y no obstante, seguro, ya indicado por síntomas de esos que apunta el diestro observador como infalibles. Precisamente el libro nuevo que acaba de caer sobre mi mesa de escritorio, acreciendo la pila ingente de los que esperan turno para pasar al índice o a las notas del *Nuevo Teatro Crítico*, es uno del señor Labra, donde encuentro un nutrido estudio, titulado La dignificación de la mujer, del cual, si me lo permitiesen los límites y la índole de este prefacio, entresacaría yo algunos de los muchos y elocuentes datos que encierra, y son prueba palmaria de que ningún esfuerzo se pierde; de que lo que está en la conciencia individual más educada y más inteligente, estará pronto en la conciencia general ilustrada, después en la conciencia universal, y, por último, o mejor dicho a la vez, en la costumbre, en el arte, en las leyes, en la constitución de los Estados y en esa regla moral humana que se ven forzados a acatar hasta los malvados y los injustos por naturaleza. No importa que haya salido fallida la profecía de Víctor Hugo, cuando anunciaba que el siglo XIX emanciparía a la mujer, como el XVIII emancipó al hombre. Mero error de cálculo de tiempo.

Volviendo a Stuart Mill, porque no es mi ánimo anticipar endebles raciocinios cuando vais a apreciar los suyos, de hierro batido y acero bien templado, diré que su campaña no ha sido estéril y ya puede contársele entre los mayores bienhechores de la mujer en el terreno positivo. Cuando en 1867 presentó a la Cámara de los Comunes el proyecto de ley pidiendo para la mujer el derecho de sufragio, la minoría que votó con él fue lucida e imponente, y general la sorpresa de sus adversarios viendo que no podían tildarle de extravagancia. Desde entonces crecieron de año en año los partidarios de los derechos políticos de la mujer, y entre ellos descollaron figuras como la de Benjamín Disraeli, que votó con Stuart Mill, y la de Gladstone.

Doblemente beneficiosa fue la obra de Stuart Mill en su patria, puesto que ¡singular anomalía! la mujer inglesa era, hasta estos últimos tiempos, una de las peor tratadas por la legislación. El estudio de Labra nos lo dice: «La ley antigua, pero no lejana, autorizaba al marido para castigar a la esposa, y aquél respondía de los delitos de ésta cometidos en su presencia. Los bienes de la mujer casada eran inalienables, aun contando con su voluntad, y no había que pensar en que ella pudiera reservarse la disposición de su hacienda, ni hacer suyos los gananciales. Únicamente el padre tenía potestad sobre sus hijos, y la mujer abandonada carecía del derecho de pedir alimentos. La investigación de la paternidad estaba absolutamente prohibida, lo mismo que el ejercicio de la tutela por la mujer. No existía garantía alguna contra la seducción de la menor desamparada, y en el taller de la fábrica oscura y malsana se sacrificaba silenciosamente la salud y el pudor de la obrera, peor retribuida y más desconsiderada que el varón.

«A partir de 1870, y sobre todo desde 1882 y 86, las cosas se han arreglado de un modo perfectamente contrario, completándose estas reformas con las leyes especiales de protección del trabajo de la mujer, singularmente en las minas. Además, la reforma pedagógica británica de 1870 ha dado a la mujer una autoridad extraordinaria en el círculo docente... Con estos trabajos hay que relacionar los novísimos realizados principalmente en el Reino Unido rara obtener, de un lado, mayor rigor de los Códigos contra la seducción y el atropello de mujeres, y de otra parte un aumento de la edad garantizada por la ley contra las tentativas de corrupción de menores... Singularmente en algunas comarcas de Inglaterra, la influencia electoral de la mujer es creciente. No se trata ya del beso otorgado por aquella perfumada y delicadísima duquesa al burdo tabernero, en cambio de un voto decisivo para unas elecciones británicas. En uno de los periódicos más preocupados contra las novísimas pretensiones femeninas —en el Scotchman— yo he leído estas frases: —«Se trata, o de renunciar al auxilio de la mujer para la impulsión de nuestras ideas políticas, o de dejarlas la entera responsabilidad de sus actos; y como no podemos excluirlas de la carrera política, es necesario que aceptemos la alternativa.» Esto se decía casi al propio tiempo que lord Salisbury, primer ministro del Reino Unido de la Gran Bretaña, exclamaba: —«Espero seriamente que se aproxima el día en que gocen las mujeres el derecho de votar, pues no veo ningún argumento para rehusárselo.»

Mientras los Salisbury y los Gladstone de España, los que tienen a nuestra patria en tan floreciente y próspero estado con su acierto en llevar el consabido timón, se divierten un ratito a cuenta de las utopías de esos ministros soñadores que rigen a la nación inglesa sin conseguir ponerla a nuestra altura de prestigio y felicidad, yo presento a mis compatriotas a Stuart Mill, el individualista, y no tardaré en presentarles a Augusto Bebel, autor de La mujer ante el socialismo.

Emilia Pardo Bazán

## Capítulo I. Mi propósito. Errores más comunes acerca de la situación del sexo masculino y la del femenino

### Dificultad de impugnar las opiniones admitidas. Apoteosis del instinto característica del siglo XIX

Me propongo en este ensayo explanar lo más claramente posible las razones en que apoyo una opinión que he abrazado desde que formé mis primeras convicciones sobre cuestiones sociales y políticas y que, lejos de debilitarse y modificarse con la reflexión y la experiencia de la vida, se ha arraigado en mi ánimo con más fuerza.

Creo que las relaciones sociales entre ambos sexos —aquellas que hacen depender a un sexo del otro, en nombre de la ley—, son malas en sí mismas, y forman hoy uno de los principales obstáculos para el progreso de la humanidad; entiendo que deben sustituirse por una igualdad perfecta, sin privilegio ni poder para un sexo ni incapacidad alguna para el otro.

Las mismas palabras de que necesito valerme para descubrir mi propósito, muestran la dificultad. Pero sería grave equivocación suponer que la dificultad que he de vencer es debida a la inopia o a la confusión de las razones en que descansan mis creencias; no; esta dificultad es la misma que halla todo el que emprende luchar contra un sentimiento o una idea general y potente. Cuanto más arraigada está en el sentimiento una opinión, más vano es que la opongamos argumentos decisivos; parece como que esos mismos argumentos la prestan fuerza en lugar de debilitarla.

Si la opinión fuese únicamente fruto del raciocinio, una vez refutado éste, los fundamentos del error quedarían quebrantados: pero si la opinión se basa esencialmente en el sentimiento, cuanto más maltratada sale de un debate, más se persuaden los que la siguen de que el sentimiento descansa en alguna razón superior que ha quedado por impugnar: mientras el sentimiento subsiste, no le faltan argumentos para defenderse. Brecha que le abran, la cierra enseguida. Ahora bien: nuestros sentimientos relativos a la desigualdad de los dos sexos son, por infinitas causas, los más vivos, los más arraigados de cuantos forman una muralla protectora de las costumbres e instituciones del pasado. No hemos de extrañar, pues, que sean los más firmes de todos, y que hayan resistido mejor a la gran revolución intelectual y social de los tiempos modernos; ni tampoco hay que creer que las instituciones larguísimo tiempo respetadas, sean menos bárbaras que las ya destruidas.

Siempre ha sido empresa difícil atacar una opinión aceptada casi universalmente, y a no tener gran suerte o talento excepcional no se logra ni aun hacerse oír. Cuesta más trabajo encontrar un tribunal que preste atención, que obtener, habiéndolo encontrado, favorable sentencia. Si se llega a conseguir un momento de atención, en compensación es preciso sujetarse a condiciones inauditas. Siempre la necesidad de la prueba incumbe al que afirma. Si un individuo se ve acusado de asesinato, al acusador corresponde probar la culpabilidad del acusado, no a éste demostrar su inocencia. En la controversia sobre la realidad de un acontecimiento histórico cualquiera, como, por ejemplo, la guerra de Troya, los que sostienen la certeza del acontecimiento están obligados a aportar pruebas a sus contrincantes, en tanto que éstos solo tienen obligación de demostrar la nulidad de los testimonios alegados. En cuestiones de administración, es principio admitido que la prueba deben presentarla los adversarios de la libertad, los partidarios de las medidas restrictivas o prohibitivas, ya se trate de restringir la libertad, ya de lesionar con incapacidad o con desigualdad de derechos a una persona o a una clase: a priori, la razón está a favor de la libertad y la igualdad; las únicas restricciones legítimas son las que el bien general reclama; la ley no debe hacer ninguna excepción, y a todos se da el mismo trato, siempre que razones de justicia o de política no exijan otra cosa.

Pero ninguna de estas ventajas pueden aprovechar los que sostienen la opinión que yo aquí defiendo.

En cuanto a mis contrincantes, los que afirman que el hombre tiene derecho a mandar y la mujer está naturalmente sometida al deber de obediencia, y el hombre posee, para ejercer el gobierno, cualidades de que carece la mujer, perdería el tiempo si les dijera que están obligados a probar su aserto, so pena de verle desechado; de nada me serviría hacerles presente que al rehusar a las mujeres la libertad y derechos que son privilegio del hombre, haciéndose doblemente sospechosos de atentar a la libertad y declararse en favor de la desigualdad, a ellos en primer término toca aportar pruebas concluyentes de su opinión o confesar su error paladina y noblemente. Lo que en cualquier otra discusión sería ley, no lo es en ésta. Si quiero sacar algo en limpio, no solo he de responder a cuanto puedan decirlos que sostienen la opinión contraria, sino hasta imaginar cuanto pudiesen decirme y refutarlo; escudriñar las razones de mis adversarios y destruirlas; y por fin, aun cuando todos sus argumentos hubiesen sido refutados, tiempo perdido; se me obligaría a demostrar mi opinión con pruebas positivas, evidentes; y aunque hubiese cumplido esta tarea y ordenado en batalla frente a mis adversarios un ejército de argumentos decisivos; aunque hubiese echado por tierra hasta el último de los suyos, todavía creerían que no había hecho nada; porque una causa que se apoya de una parte en el abuso universal, y de otra en sentimientos de un poder extraordinario, tendrá en su favor presunciones muy superiores al género de convencimiento que puede infundir en las inteligencias, a excepción de las más altas, un llamamiento a la razón.

Si hago presentes estas dificultades, no es por quejarme de ellas, que de nada serviría; ya sabemos que con ellas se ha de luchar a brazo partido y cuerpo a cuerpo; todos estos obstáculos, cierran el camino a cuantos hombres de buena voluntad atacar, por medio del raciocinio sentimientos y costumbres. La inteligencia de la mayoría de los hombres necesita más cultivo, si hemos de pedirles que confiadamente se entreguen a su propia razón abandonando y desdeñando reglas, máximas o creencias nacidas con ellos, que tienen en la masa de la sangre, sobre las que descansa buena parte del orden actual del mundo —y que las desdeñen y abandonen ante la exigencia de un raciocinio a que no pueden, por la fuerza de la lógica, resistir.

Yo no les reprocho el que no tengan bastante fe en el raciocinio, y en cambio tributen demasiada a la costumbre y la opinión general. Uno de los errores que caracterizan la reacción del siglo XIX contra el XVIII, es el de conceder a los elementos no racionales de la naturaleza humana la infalibilidad que en el XVIII se atribuía, según dicen, a los elementos sujetos al examen de la razón. En lugar de la apoteosis de la razón, en el siglo XIX hacemos la del instinto, y llamamos instinto a lo que no podemos establecer sobre base racional. Esta idolatría, infinitamente más triste que la otra, superstición peligrosa entre las supersticiones de nuestros tiempos, y que a todas sirve de apoyo, subsistirá mientras una sana psicología no la haga desaparecer, demostrando el verdadero origen de la mayoría de las opiniones o creencias que veneramos bajo el nombre de sugestiones de la naturaleza o dones de Dios. Pero en la cuestión que me ocupa, quiero aceptar las condiciones desfavorables que este error general sentimental me impone. Consiento en que la costumbre establecida y el sentimiento sean considerados como razones sin réplica, si no hago patente que en esta materia la costumbre y el sentimiento han partido en todo tiempo, no de lo justo, sino de causas muy diferentes y de origen impuro y bastardo.

Mis concesiones no son tan grandes como parece; esta demostración será la parte más fácil de mi trabajo.

## Capítulo II. La sujeción de la mujer al hombre es un apriorismo: no se funda en ningún dato experimental contradictorio, y por consecuencia es irracional

**El origen de la sujeción de la mujer es la esclavitud primitiva y las costumbres bárbaras del género humano en su cuna. Mejoramiento del estado social, aparente solo en lo que respecta a la mujer. La situación actual de ésta es el único vestigio que va quedando de ese estado primitivo de fuerza y esclavitud**

Cuando una costumbre es general, hay que suponer que tiende o ha tendido en otro tiempo a un fin laudable. Esto suelen representar las costumbres adoptadas desde abinicio, porque eran medio seguro de llegar a laudables fines y fruto incontestable de la experiencia. Si la autoridad del hombre, en el momento de implantarla, se deriva de una comparación concienzuda entre los variados medios de constituir la sociedad; si después de ensayar los diversos modos de organización social —como el gobierno del hombre por la mujer, la igualdad de los sexos o cualquiera otra forma mixta que nos imaginemos—, y solamente después de este ensayo se ha decidido, por imposiciones y enseñanzas de la experiencia, que la forma de gobierno o régimen que más seguramente conduce a la felicidad de ambos sexos es someter de un modo absoluto la mujer al hombre, no concediéndola ninguna parte en los negocios públicos, y obligándola, en nombre de la ley, en la vida privada, a obedecer sin examen al hombre con quien ha unido su destino; si de esta suerte vino a organizarse la sociedad, y así continúa organizada, es preciso ver en la general adopción de esta forma una prueba de que cuando se puso en práctica era la mejor, la más ventajosa y conveniente; pero también nos sería lícito añadir que las consideraciones que militaban en favor suyo han cesado de existir, como tantos otros hechos sociales primitivos de la mayor importancia, y que ya caducaron y perdieron su razón de ser.

Ahora bien: me apresuro a decir que ha sucedido todo lo contrario. Desde luego, la opinión favorable al sistema actual, que hace depender al sexo débil del fuerte, no descansa sino en teorías; no se ha ensayado otra, y, por ende, nadie puede afirmar que la experiencia opuesta a la teoría, haya aconsejado nada, en atención a que no se llevó al terreno de la práctica, y se ignoran totalmente sus resultados. Por otra parte, la adopción del régimen de la desigualdad no ha sido nunca fruto de la deliberación, del pensamiento libre, de una teoría social o de un conocimiento reflexivo de los medios de asegurar la dicha de la humanidad o de establecer el buen orden en la sociedad y el Estado. Este régimen proviene de que, desde los primeros días de la sociedad humana, la mujer fue entregada como esclava al hombre que tenía interés o capricho en poseerla, y a quien no podía resistir ni oponerse, dada la inferioridad de su fuerza muscular. Las leyes y los sistemas sociales empiezan siempre por reconocer el estado material de relaciones existente ya entre los individuos. Lo que en los comienzos no era más que un hecho brutal, un acto de violencia, un abuso inicuo, llega a ser derecho legal, garantizado por la sociedad, apoyado y protegido por las fuerzas sociales, que sustituyeron a las luchas sin orden ni freno de la fuerza física. Los individuos que en un principio se vieron sometidos a la obediencia forzosa, a ella quedaron sujetos más tarde en nombre de la ley. La esclavitud, que era un principio no era más que cuestión de fuerza entre el amo y el esclavo, llegó a ser institución legal, sancionada y protegida por el derecho escrito: los esclavos fueron comprendidos en el pacto social, por el que los amos se comprometían a protegerse y a salvaguardar mutuamente su propiedad particular, haciendo uso de su fuerza colectiva. En los primeros tiempos de la historia, la mayoría del sexo masculino era esclava, como lo era la totalidad del sexo femenino. Y transcurrieron muchos siglos, y siglos ilustrados por brillante cultura intelectual, antes de que algunos pensadores se atreviesen a discutir con timidez la legitimidad o la necesidad absoluta de una u otra esclavitud.

Estos pensadores, ayudados por el progreso general de la sociedad, lograron la abolición de la esclavitud del sexo masculino en todas las naciones cristianas (en una de éstas existía aún hace pocos años) y que la esclavitud de la mujer se trocase poco a poco en una dependencia más blanda, más suave. Pero esta dependencia, tal cual hoy existe y perdura, no es una institución adoptada después de maduro examen, en que se tomaron en cuenta consideraciones de justicia y de utilidad social; es el estado primitivo de esclavitud, que se perpetúa a través de una serie de endulzamientos y modificaciones, debidas a las mismas causas que han ido puliendo cada vez más las maneras y las costumbres, y sometiendo en cierto modo, las acciones de los hombres al dictado de la justicia y a la influencia de las ideas humanitarias; no está aún borrada, con todo, la mancha de su brutal origen. No hay pues manera de alegar la existencia de este régimen como argumento sólido en favor de su legitimidad; lo único que puede decirse es que ha durado hasta el día, mientras otras instituciones afines, de tan odioso origen, procedentes también de la barbarie primitiva, han desaparecido; y en el fondo esto es lo que da cierto sabor de extrañeza a la afirmación de que la desigualdad de los derechos del hombre y de la mujer no tiene otro origen sino la ley del más fuerte.

Si esta proposición parece paradoja, es hasta cierto punto por culpa de la misma civilización y mejoramiento de los sentimientos morales de la humanidad. Vivimos, o viven al menos una o dos de las naciones más adelantadas del mundo, en un estado tal, que la ley del más fuerte parece totalmente abolida, y diríase que ya no sirve de norma a los actos de los hombres: nadie la invoca; en la mayoría de las relaciones sociales nadie posee el derecho de aplicarla, y, caso de hacerlo, tiene muy buen cuidado de disfrazarla bajo algún pretexto de interés social. Este es el estado aparente de las cosas, y por él se lisonjean las gentes superficiales de que el reino de la fuerza bruta ha terminado, llegando hasta creer que la ley del más fuerte no puede ser origen de ninguna relación actual, y que las instituciones, cualesquiera que hayan podido ser sus comienzos, no se han conservado hasta el día sino porque nos avisaba la razón de que convenían perfectamente a la naturaleza humana y conducían al bien general. Y es que la gente no se hace cargo de la vitalidad de las instituciones que sitúan el derecho al lado de la fuerza; no sabe con cuánta tenacidad se agarran a ella; no nota con qué vigor y coherencia se unen los buenos sentimientos y las malas pasiones de los que detentan el poder, para detentarlo; no se figura la lentitud con que las instituciones injustas desaparecen, comenzando por las más débiles, por las que están menos íntimamente ligadas a los hábitos cotidianos de la vida; se olvida de que quien ejerce un poder legal, porque desde un principio le ayudó la fuerza física; no suele resignar ese poder hasta que la fuerza física pasa a manos de sus contrarios, y no calculan que la fuerza física no ha sido nunca patrimonio de la mujer. Que se fijen también en lo que hay de particular y característico en el problema que tratamos, y comprenderán fácilmente que este fragmento de los derechos fundados en la fuerza, aunque haya modificado sus rasgos más atroces y se haya dulcificado poco a poco y aparezca hoy en forma más benigna y con mayor templanza, es el último en desaparecer, y que este vestigio del antiguo estado social sobrevive ante generaciones que teóricamente no admiten sino instituciones basadas en la justicia. Es una excepción única que rompe la armonía de las leyes y de las costumbres modernas; pero como no se ha divulgado su origen, ni se la discute a fondo, no nos parece lo que es: un mentís dado a la civilización' moderna: de igual modo, la esclavitud doméstica, entre los griegos, no impedía a los griegos creerse un pueblo libre.

En efecto: la generación actual, lo mismo que las dos o tres últimas generaciones, ha perdido toda idea de la condición primitiva de la humanidad; solamente algunas personas reflexivas, que han estudiado en serio la historia, o visitado las partes del mundo ocupadas por los postreros representantes de los pasados siglos, son capaces de suponer lo que era la sociedad entonces. No saben nuestros contemporáneos que en los primeros siglos la ley de la fuerza reinaba sin discusión, que se practicaba públicamente, de un modo franco, y no diré con cinismo y sin pudor, porque esto sería suponer que semejantes costumbres implicaban algo odioso, siendo así que la odiosidad que envolvían y que hoy comprendemos, no podía en aquel entonces conocerla entendimiento alguno, a no ser el de un filósofo o el de un santo.

## Capítulo III. Reprobación que pesa sobre los que resisten a la autoridad, aunque ésta sea injusta

**Persistencia de la esclavitud. Ineficacia de la Iglesia contra el abuso de la fuerza. Tenacidad de las costumbres que la fuerza inspiró. Mayor resistencia del despotismo viril. Cómo interesa a todos los hombres el conservarlo. Dificultades inmensas con que se lucha para combatirlo**

La historia nos obliga a pensar mal, por triste experiencia, de la especie humana, cuando nos enseña con qué rigurosa proporción las consideraciones, la honra, los bienes y la felicidad de una clase dependieron siempre de su poder para defenderse e imponerse. Vemos que la resistencia a la autoridad armada, por horrible que pudiese ser la provocación, tuvo contra sí, no solo la ley del más fuerte, sino todas las demás leyes y hasta todas las ideas de moralidad en que se fundan los deberes sociales. Los que resistieron, los rebeldes, los insubordinados, fueron, para el vulgo, no solamente culpables de un crimen, sino del mayor de los crímenes, y merecían el más cruel castigo que pudiesen imponerles sus semejantes. La primera vez que un superior se sintió algún tanto obligado respecto de un inferior fue cuando, por interesados motivos, se vio en la necesidad de hacerle una promesa. Los juramentos solemnes en que las apoyaban no impidieron que, durante muchos siglos, los que las habían hecho, respondiendo a la más ligera provocación o cediendo a la más leve tentación, faltasen a lo pactado revocándolas o violándolas. Sospecho que al cometer el perjurio, el culpable oiría el grito de su conciencia, si no estaba completamente relajada su moralidad.

Las antiguas repúblicas descansaban generalmente en un contrato recíproco, formando en cierto modo una asociación de personas que no se diferenciaban mucho en fuerza: por eso nos ofrecen el primer ejemplo de una serie de relaciones humanas, agrupadas bajo el imperio de una ley que no es fuerza pura y sin límites. La ley primitiva de la fuerza regulaba únicamente las relaciones entre amo y esclavo, y excepto en algunos casos, previstos en convenios y pactos, las de la república con sus súbditos o con los demás Estados independientes. Y bastaba que la ley primitiva saliese de este reducido círculo para que la regeneración humana comenzase, merced a nuevos sentimientos cuya experiencia demostró bien pronto su inmenso valer, hasta desde el punto de vista de los intereses materiales, que no tenían más que desarrollarse al amparo de la naciente legalidad. Los esclavos no formaban parte de la república, y sin embargo, en los Estados libres fue donde se les reconoció por vez primera algunos derechos, en calidad de seres humanos. Los estoicos fueron los primeros (salvo tal vez los judíos) en enseñar que los amos tenían para con sus esclavos obligaciones morales que cumplir. Después de la propagación del cristianismo, esta creencia se infiltró en la conciencia de todos, y desde el establecimiento de la Iglesia católica, no escasearon nunca sus defensores. No obstante, el trabajo más arduo del cristianismo fue imponerla a la sociedad, porque la Iglesia luchó miles de años sin obtener resultados apreciables; no era el poder espiritual lo que le faltaba, pues lo tenía inmenso; enseñaba a los reyes y a los nobles a despojarse de sus mejores dominios para enriquecerla; impelía a millares de seres humanos a que renunciasen en la flor de su vida a todas las comodidades del mundo para encerrarse en conventos y buscar en ellos la salud en la pobreza, el ayuno y la oración; lanzaba a los hombres, por cientos de miles, a través de tierras y mares, de Europa y de Asia, a sacrificar su vida por libertar al Santo Sepulcro; obligaba a los reyes a abandonar mujeres de quienes estaban perdidamente apasionados, con solo declararles parientes en séptimo grado, y hasta el catorceno, según la ley inglesa. La Iglesia pudo hacer todo eso y mucho más, pero no impedir que se batiesen los nobles, ni que dejasen de cometer crueldades con sus siervos y aun con los burgueses; se estrelló al mandarles renunciar a las dos aplicaciones de la fuerza: la militante y la triunfante. Los poderosos del mundo no conocieron la necesidad de la moderación hasta que a su vez tuvieron que sufrir el empuje de una fuerza superior y arrolladora. Solo el creciente poder de los reyes logró poner fin a estos combates, que en lo sucesivo no fueron privilegio sino de los reyes o de los pretendientes a la corona. El incremento de una burguesía rica e intrépida que se defendía en ciudades fortificadas, y la aparición de una infantería plebeya, que demostró en los campos de batalla fuerza superior a la de la indisciplinada caballería aristocrática, consiguieron por fin limitar la insolente tiranía de los señores feudales. Esta tiranía duró aún largo tiempo antes que los oprimidos fuesen lo bastante vigorosos para tomar espléndido desquite. En el continente, muchas prácticas tiránicas duraron hasta la Revolución francesa; pero en Inglaterra, antes de esta época, las clases democráticas, mejor organizadas que en el continente, acabaron con las desigualdades irritantes por medio de leyes igualitarias e instituciones libres.

El vulgo, y aun la gente que se cree ilustrada, ignora que casi siempre en la historia la ley de la fuerza fue única y absoluta regla de conducta, no siendo más que especial consecuencia de relaciones particulares. Olvidan que aún no está tan lejano el tiempo en que se empezó a creer que los negocios sociales y la organización del Estado deben regularse de acuerdo con las leyes morales; y aún es mayor la ignorancia de otra verdad, a saber: que instituciones y costumbres sin más fundamento que la ley de la fuerza, se conservan en épocas en que ya son un anacronismo, y en que a nadie se le ocurriría establecerlas, porque pugnan con nuestras actuales creencias y opiniones. Los ingleses podían, aún no hace cuarenta años, mantener en servidumbre a seres humanos, venderlos y comprarlos; a principios de este siglo podían hasta apoderarse de ellos en su mismo país. Tan desaforado abuso de la fuerza, condenado por los pensadores más reaccionarios, capaz hasta de sublevar los sentimientos de las gentes (a menos que fuesen gentes interesadas en practicarlo), estaba, como consta y recuerdan muchos, sancionado por la ley de la Inglaterra civilizada y cristiana. En media América anglosajona, la esclavitud existía aún hace tres o cuatro años, practicándose allí la trata y cría de los esclavos. Y, sin embargo, los sentimientos hostiles a este abuso de la fuerza eran vivísimos; bastaban para derrocarle, y por lo menos en Inglaterra, los sentimientos o el interés que lo sostenían carecían de vigor, puesto que si la conservación de la esclavitud tenía en favor suyo el amor a la ganancia, ejercida sin pudor y sin máscara por la pequeña fracción de la nación que se aprovechaba de ella, en cambio las gentes desinteresadas combatían tamaña iniquidad con horror profundo.

Después de este monstruoso abuso es inútil citar otro; pero considerad la larga duración de la monarquía absoluta. En Inglaterra estamos plenamente convencidos de que el despotismo militar no es más que forma de la ley de la fuerza, sin otro título de legitimidad. Sin embargo, en todas las grandes naciones de Europa existe aún, o existía hasta hace poco, y conserva muchos adeptos en el país, y sobre todo entre las clases acomodadas. Tal es el poderío de un sistema que está en vigor, aun cuando no sea universal, aun cuando todos los períodos de la historia, y sobre todo las sociedades más prósperas y más ilustres, presenten nobles y grandes ejemplos del sistema contrario. En un gobierno despótico, el que se apropia el poder y tiene interés en conservarle es uno solo, mientras los súbditos que sufren su tiranía forman el resto de la nación. El yugo es, natural y necesariamente, una humillación para todos, excepto para el que ocupa el trono o el que espera sucederle. ¡Qué diferencia entre estos poderes y el del hombre sobre la mujer! No prejuzgo la cuestión de si es justificable: demuestro únicamente que, aun no siéndolo, tiene que perseverar más que otros géneros de dominación que se han perpetuado hasta nosotros. La satisfacción orgullosa que infunde la posesión del poder, el interés personal que hay en ejercerle, no son, en el dominio de la mujer, privilegio de una clase: pertenecen por entero a todo el sexo masculino.

En lugar de ser, para la mayoría de los hombres, una ambición abstracta o una aspiración remota, que solo interesa a los jefes e instigadores, como los fines políticos que los partidos persiguen a través de sus debates, el poder viril tiene su raíz en el corazón de todo individuo varón jefe de familia o que espere adquirir esta dignidad andando el tiempo. El paleto ejerce o puede ejercer su parte de dominación, como el magnate o el monarca. Por eso es más intenso el deseo de este poder: porque quien desea el poder quiere ejercerle sobre los que le rodean, con quienes pasa la vida, personas a quienes está unido por intereses comunes, y que si se declarasen independientes de su autoridad, podrían aprovechar la emancipación para contrarrestar sus miras o sus caprichos. Si en los ejemplos citados hemos visto que no se derrocaron sino a costa de esfuerzos y tiempo ciertos poderes manifiestamente basados solo en la fuerza, y harto menos seguros, éste, que descansa en fundamento más sólido, ¿no ha de ser inexpugnable? Haremos notar también que los dueños de este poder viril están en mejores condiciones para impedir rebeliones y protestas. Aquí el súbdito vive a la vista y puede decirse que a la mano del amo, en más íntima unión con él que con cualquier compañero de servidumbre; no hay medio de conspirar contra él, no hay fuerza para vencerle, y hasta militan en el ánimo del súbdito muy poderosas razones para buscar el favor de su dueño y evitar su enojo. En las luchas políticas por la libertad, ¿quién no ha visto a sus propios partidarios dispersados por la corrupción o el terror? En la cuestión de las mujeres, todos los miembros de la clase sojuzgada viven en un estado crónico de corrupción o de intimidación, o de las dos cosas juntas. Cuando levanten el pendón de resistencia, la mayoría de los jefes, y sobre todo la mayoría de los soldados rasos, tendrá que hacer un sacrificio casi completo de los placeres y dulzuras de la vida. Si algún sistema de privilegio y de servidumbre forzada ha remachado el yugo sobre el cuello que hace doblar, es éste del dominio viril. No he demostrado aún que es malo este sistema; pero quien reflexione sobre la cuestión debe conocer que, aunque malo, ha de durar más que todas las restantes formas injustas de autoridad; que en una época en que las más groseras de estas formas existen aún en muchas naciones civilizadas, y en otras no han sido destruidas hasta hace muy poco, sería raro que la más profundamente arraigada de todas las injusticias hubiese sufrido en algún país modificaciones apreciables. Todavía me asombro de que a favor de la mujer se hayan alzado protestas tan fuertes y numerosas.

## Capítulo IV. El error de la esclavitud en los mayores filósofos

**Los teóricos de la monarquía absoluta. Asombro de los salvajes al oír que en Inglaterra una mujer ejerce el poder real. Por qué los griegos no eran tan opuestos a la independencia de la mujer. Protesta silenciosa de la mujer. Cadenas morales con que se la sujeta. La mujer odalisca. La educación femenina falseada y torcida por la esclavitud**

Se objetará que es error comparar el gobierno ejercido por el sexo masculino con las formas de dominación injusta que hemos recordado, porque estas son arbitrarias y efecto de una usurpación, mientras aquella, por el contrario, parece natural. ¿Pero qué dominación no parecerá natural al que la ejerce? Hubo un tiempo en que las mentes más innovadoras juzgaban natural la división de la especie humana en dos secciones; una muy reducida, compuesta de amos, otra muy numerosa, compuesta de esclavos; y este pensaban que era el único estado natural de la raza. ¡Aristóteles mismo, el genio que tanto impulsó el progreso del pensamiento; Aristóteles el gran Estagirita, el filósofo insigne, sostuvo tal opinión! No cabe duda; él la dedujo de las premisas por donde se suele inferir que es cosa naturalísima la dominación del hombre sobre la mujer. Pensó que había en la humanidad diferentes categorías de hombres, los unos libres, los otros esclavos; que los griegos eran de naturaleza libre, y las razas bárbaras, los tracios y los asiáticos, de naturaleza esclava a nativitate. Pero, ¿a qué remontarse a Aristóteles? ¿Acaso en los Estados del Sur de la Unión americana no sostenían la misma doctrina los propietarios de esclavos, con todo el fanatismo que los hombres derrochan para defender las teorías que justifican sus pasiones o legitiman sus intereses? ¿No han jurado y perjurado que la dominación del hombre blanco sobre el negro es natural, que la raza negra es de suyo incapaz de libertad y nacida para la esclavitud? ¿No llegaban algunos hasta decir que la libertad del hombre que trabaja con sus manos es contraria al orden armónico de las cosas? Los teóricos de la monarquía absoluta, ¿no han afirmado siempre que era la única forma natural de gobierno, que se derivaba de la forma patriarcal, tipo primitivo y espontáneo de la sociedad, que estaba modelada sobre la autoridad paterna, género de autoridad anterior a la sociedad misma y, según ellos, la más natural de todas?

Desde las más remotas edades, la ley de la fuerza ha parecido siempre, a los que no tenían otra que invocar, fundamento propio de la autoridad y del mando. Las razas conquistadoras pretenden que es genuina ley de la naturaleza que las razas vencidas obedezcan a las vencedoras, o, por eufemismo, que la raza más débil y menos guerrera debe obedecer a la raza más bizarra y más belicosa. No hace falta conocer a fondo la vida de la Edad Media para ver hasta qué punto encontraba lógica la nobleza feudal su dominio sobre los hombres del estado llano, y antinatural la idea de que una persona de clase inferior se igualase a los nobles barones o quisiese dominarlos. Y el estado llano estaba conforme y aceptaba este criterio. Los siervos emancipados y los burgueses, aun en medio de las más encarnizadas luchas, no pretendían compartir la autoridad; pedían únicamente que se pusiese algún coto al poder de tiranizarles, y a las violencias y depredaciones del señor. Tan cierto es que la frase contra natura quiere decir contra uso, y no otra cosa, pues todo lo habitual parece natural. La subordinación de la mujer al hombre es una costumbre universal, viejísima: cualquier derogación de esta costumbre parece, claro está, contra natura. Pero la experiencia muestra hasta qué punto esta convicción pende de la costumbre, y solo de la costumbre. Nada asombra tanto a los habitantes de regiones apartadas del globo y comarcas salvajes, como, al oír hablar por primera vez de Inglaterra, saber que este país tiene a su cabeza una reina: la cosa les parece tan contra lo natural, que la conceptúan increíble. Los ingleses no lo encuentran antinatural porque ya están hechos a ello; pero encontrarían antinatural que las mujeres fuesen soldados, o miembros del Parlamento, o ministros. Por el contrario, en los tiempos feudales no se encontraba antinatural que las mujeres hiciesen la guerra y dirigiesen la política, porque lo hacían muchas, no sin acierto y brío. Se encontraba natural que las mujeres de las clases privilegiadas tuviesen carácter viril, que no cedía en nada al de sus maridos o sus padres, a no ser en fuerza física. Los griegos no consideraban la independencia de la mujer tan contraria a la naturaleza como los demás pueblos antiguos, a causa de la fábula de las Amazonas, que creían histórica, y por el ejemplo de las mujeres de Esparta, que estando por la ley tan sujetas como las de los demás

Estados de Grecia, eran de hecho más libres, dedicábanse a los mismos ejercicios corporales que los hombres y probaban no hallarse desprovistas de las cualidades que enaltecen al guerrero. No cabe duda que el ejemplo de Esparta fue el que inspiró a Platón, entre otras ideas suyas, la de la igualdad política y social de los sexos.

Pero —se me dirá— la dominación del hombre sobre la mujer difiere de los demás géneros de dominación, en que el dominador no emplea la fuerza; es un señorío voluntariamente aceptado: las mujeres no se quejan, y de buen grado se someten. Por lo pronto, gran número de mujeres no la aceptan. Desde que las mujeres pueden dar a conocer sus sentimientos por sus escritos, único medio de publicidad que la sociedad las permite, no han dejado nunca, y cada vez en mayor número y con más energía, de protestar contra su condición social. Recientemente, millares de mujeres, sin exceptuar las más distinguidas, han dirigido al Parlamento peticiones encaminadas a obtener el derecho de sufragio en las elecciones parlamentarias. Las reclamaciones de las mujeres pidiendo una educación tan sólida y extensa como la del hombre, son cada vez más insistentes, y cada vez más seguro el éxito de su pretensión. Insisten, además, en ser admitidas a profesiones y ocupaciones que les fueron vedadas hasta hoy. Cierto que en Inglaterra no hay, como en los Estados Unidos, juntas periódicas y un partido seriamente organizado para la propaganda en favor de los derechos de la mujer; pero hay una sociedad compuesta de miembros numerosos y activos, fundada y dirigida por mujeres, para un fin menos extenso: la obtención del derecho de sufragio. No es en Inglaterra y América solamente donde las mujeres comienzan a protestar, uniéndose en lazo más o menos estrecho contra las incapacidades que las vulneran. Francia, Italia, Suiza y Rusia, nos ofrecen el espectáculo de este mismo movimiento. ¿Quién es capaz de decir cuántas mujeres alimentan en silencio aspiraciones de libertad y justicia? Hay razones para creer que serían mucho más numerosas, si no se hiciese estudio en enseñarlas a reprimir estas aspiraciones, por contrarias al papel que, en opinión de los esclavistas, corresponde al decoro del sexo femenino.

Recordemos que los esclavos nunca han reclamado de buenas a primeras completa libertad. Cuando Simón de Monforte llamó por primera vez a los diputados de los municipios para que tomasen asiento en el Parlamento,

¿hubo alguno que soñara en pedir que una Asamblea electiva pudiese hacer y deshacer ministerios y dictar al rey su conducta en los negocios del Estado? Tal pretensión no entraba en los cálculos ni del más ambicioso. La nobleza la tenía ya, pero el estado llano no aspiraba sino a eximirse de los impuestos arbitrarios y la opresión brutal de los dignatarios reales. Es natural ley política que los que sufren bajo un poder de origen secular, no empiecen jamás por quejarse del poder en sí, sino de quien lo ejerce de un modo opresivo. Siempre hubo mujeres que se quejasen de los malos tratamientos que les daban sus maridos. Y más habría, si la queja, por tener color de protesta, no acarrease el aumento de los malos tratamientos y sevicias. No es factible mantener el poder del marido y al mismo tiempo proteger a la mujer contra sus abusos: todo esfuerzo en este sentido me parece inútil.

> «......................................
> Arrojar la cara importa,
> Que el espejo no hay por qué.
> ......................................»

La mujer es la única persona (aparte de los hijos), que, después de probado ante los jueces que ha sido víctima de una injusticia, se queda entregada al injusto, al reo. Por eso las mujeres apenas se atreven, ni aun después de malos tratamientos muy largos y odiosos, a reclamar la acción de las leyes que intentan protegerlas; y si en el colmo de la indignación o cediendo a algún consejo recurren a ellas, no tardan en hacer cuanto es posible por ocultar sus miserias, por interceder en favor de su tirano y evitarle el castigo que merece.

Todas las condiciones sociales y naturales concurren para hacer casi imposible una rebelión general de la mujer contra el poder del hombre. La posición de la mujer es muy diferente de la de otras clases de súbditos. Su amo espera de ella algo más que servicios. Los hombres no se contentan con la obediencia de la mujer: se abrogan un derecho posesorio absoluto sobre sus sentimientos. Todos (a excepción de los más brutales), quieren tener en la mujer con quien cohabitan, no solamente una esclava, sino también una odalisca complaciente y amorosa: por eso no omiten nada de lo que puede contribuir al envilecimiento del espíritu y a la gentileza del cuerpo femenino.

Los amos de los demás esclavos cuentan, para mantener la obediencia, con el temor que inspiran o con el que inspira la religión. Los amos de las mujeres exigen más que obediencia: así han adulterado, en bien de su propósito, la índole de la educación de la mujer, que se educa, desde la niñez, en la creencia de que el ideal de su carácter es absolutamente contrario al del hombre; se la enseña a no tener iniciativa, a no conducirse según su voluntad consciente, sino a someterse y ceder a la voluntad del dueño. Hay quien predica, en nombre de la moral, que la mujer tiene el deber de vivir para los demás, y en nombre del sentimiento, que su naturaleza así lo quiere: preténdese que haga completa abstracción de sí misma, que no exista sino para sus afectos, es decir, para los únicos afectos que se la permiten: el hombre con quien está unida, o los hijos que constituyen entre ella y ese hombre un lazo nuevo e irrevocable. Si consideramos en primer término la atracción natural que aproxima a ambos sexos, y después el completo estado de sumisión de la mujer a la autoridad del marido, de cuya gracia lo espera todo, honores y placeres, dignidad y enseñanza, y, por último, la imposibilidad en que se encuentra de buscar y obtener el objeto principal de la ambición humana, la consideración y demás bienes de la sociedad, que solo alcanza mediante el hombre, vemos que sería preciso un milagro para que el deseo de agradar al hombre no llegue a ser en la educación y formación del carácter femenino una especie de estrella polar que señala rumbo fijo e invariable.

Una vez dueño de este gran medio de influencia sobre el alma de la mujer, el hombre se ha valido de él con egoísmo instintivo, como de un arbitrio supremo, y para tenerlas sujetas les pintan su debilidad, y la abnegación, la abdicación de toda voluntad en manos del hombre, como quinta esencia de la seducción femenina. ¿Quién duda que los demás yugos que la humanidad ha logrado sacudir, hubiesen subsistido hasta nuestros días, si se hubiese puesto tal cuidado en amoldar a ellos los espíritus? Si se diese por finalidad a la ambición de todo mozo plebeyo el favor de cualquier patricio; de todo siervo joven, el de cualquier señor; si el llegar a ser criado de un grande y compartir sus afecciones personales fuese la más alta recompensa ofrecida al hombre; si los más aptos y los más ambiciosos hubiesen podido tener la vista fija en el mayor premio, y si una vez obtenida la recompensa, se les separase por medio de un muro de bronce de todo interés que no se concentrase en la persona del amo, de todo sentimiento y deseo, salvo de los que compartiesen con él, ¿no habría entre señores y siervos, entre plebeyos y patricios, una distinción tan profunda como la que existe entre hombres y mujeres? ¿No pensaría cualquiera, excepto un pensador, que esta distinción era un hecho fundamental, inherente a la naturaleza humana?

## Capítulo V. La desigualdad por el nacimiento

### Ya no existe hoy sino para la mujer. Anomalía de las reinas. Nada se sabe por experiencia de las aptitudes de la mujer, ni de su verdadero carácter

Las consideraciones expuestas en el capítulo anterior bastan para demostrar que la costumbre, por universal que sea, nada puede prejuzgar a favor de instituciones que colocan a la mujer, con respecto al hombre, en un estado de sumisión política y social. Pero aún voy más lejos, y afirmo que el curso de la historia y las tendencias de una sociedad en progreso, no solo no suministran argumento alguno en favor de este sistema de desigualdad en los derechos, sino que ofrecen uno muy fuerte en contra: sostengo que si la marcha del perfeccionamiento de las instituciones humanas y la corriente de las tendencias modernas permiten deducir algo respecto al asunto, es que se impone la necesaria desaparición de este vestigio del pasado, que está en abierta lucha con el progreso del porvenir.

¿Cuál es, en realidad, el carácter peculiar del mundo moderno? ¿Qué es lo que más distingue las instituciones, las ideas sociales, la vida de los tiempos modernos, de la de los pasados y caducos? Que el hombre ya no nace en el puesto que ha de ocupar durante su vida; que no está encadenado por ningún lazo indisoluble, sino que es libre para emplear sus facultades y aprovechar las circunstancias en labrarse la suerte que considere más grata y digna. En otro tiempo la sociedad humana hallábase constituida de muy distinta manera. El individuo nacía en determinada posición social, y allí tenía que aguantarse, sin poder lidiar para salir de la zanja. Así como unos nacen negros y otros blancos, unos nacían esclavos, los otros ciudadanos y libres; unos patricios, otros plebeyos; unos nobles y terratenientes, otros pecheros y colonos. El esclavo, el siervo no podía declararse libre por sí y ante sí, ni llegaba a serlo sino mediante la voluntad de su amo. En casi todas las comarcas de Europa, a fines de la Edad Media, y con el incremento del poder real, fue cuando los pecheros pudieron mejorar de condición. Aun entre los nobles, el mayorazgo era, por derecho de nacimiento, único heredero de los dominios paternos; mucho tiempo pasó antes de que se reconociese al padre el derecho de desheredarle. En las clases industriales, los individuos que habían nacido miembros de un gremio o habían sido admitidos en él, eran los únicos que podían ejercer legalmente su profesión dentro de los límites impuestos a la corporación, y a nadie se le consentía ejercer una profesión considerada importante, de distinto modo que el fijado por la ley; algunos industriales manufactureros sufrieron pena de picota después de un proceso legal, por haber tenido el atrevimiento de emplear en su trabajo métodos perfeccionados de su invención, diferentes de los usuales.

En la Europa moderna, y sobre todo en aquellos países que han tomado mayor parte en el progreso, reinan hoy doctrinas opuestas a estos antiguos principios. La ley no determina quién ha de dirigir una operación industrial, ni qué procedimientos son los legales para el caso. A los individuos toca escoger libremente. En Inglaterra han caído en desuso hasta las leyes que obligaban a los obreros a hacer aprendizaje, pues se cree firmemente que en toda profesión que lo exija, su misma necesidad bastará para imponerlo. La antigua costumbre quería que se restringiese todo lo posible la libre elección del individuo, que sus acciones fuesen encaminadas y dirigidas por una sabiduría superior; considerando que, entregados los obreros a sí mismos, lo echarían todo a perder. En la teoría moderna, fruto de la experiencia de miles de años, se afirma que las cosas que directamente interesan al individuo, no marchan bien sino dejándolas fiadas a su exclusiva dirección, y que la intervención de la autoridad es perjudicial, excepto en casos de protección al derecho ajeno.

Se ha tardado mucho en llegar a esta conclusión, y no se ha adoptado sino después de que las aplicaciones de la teoría contraria produjeron desastrosos resultados; pero en la actualidad prevalece el criterio de libre iniciativa para todos en los países más adelantados, y casi omnímodamente, por lo menos en lo que se refiere a la industria y entre las naciones que tienen la pretensión de marchar a compás del progreso. Esto no quiere decir que todos los procedimientos sean igualmente buenos y todas las personas igualmente aptas para todo; pero hoy se admite que la libertad de elección inherente y lícita al individuo es el único medio racional de que se adopten los mejores procedimientos y cada cual se dedique a lo que mejor conforma con sus aptitudes. Ya nadie cree útil promulgar una ley para que todos los herreros tengan brazos vigorosos. La libertad y la concurrencia bastan para que los hombres provistos de brazos vigorosos se dediquen a la herrería, puesto que los individuos endebles pueden ganar más dedicándose a ocupaciones para que son más a propósito. En nombre de esta doctrina, negarnos a la autoridad el derecho a decidir de antemano si tal individuo sirve o no sirve para tal cosa. Está perfectamente reconocido hoy que, aun cuando existiera una presunción, no podría ser infalible. Aun cuando se fundase en el mayor número de casos, lo cual no es probable, quedaría siempre un corto número fuera del supuesto, y entonces sería injusto para el individuo y perjudicial para la sociedad el alzar barreras que prohíban a ciertos individuos sacar todo el partido posible de sus facultades en provecho suyo y ajeno. Por otra parte, si la incapacidad es real, los móviles ordinarios que rigen la conducta de los hombres bastan, en último caso, para impedir al individuo incapaz que se dedique a aquello para que no sirve.

Si este principio general de ciencia social y política no fuese verdadero; si el individuo, con ayuda del consejo prudente de los que le conocen, no fuese mejor juez en causa propia que la ley y el gobierno, el mundo debería renunciar, lo antes posible, a toda libertad y volver al antiguo sistema prohibitivo y a confiar a la autoridad la dirección del trabajo. Pero si el principio es firme, debemos obrar ajustándonos a él, y no decretar que el hecho de haber nacido hembra en vez de varón decide la situación de un ser humano para toda su vida, del mismo modo que antes la decidía el hecho de nacer negro en vez de blanco, o pechero en vez de noble.

El caso fortuito del nacimiento no debe excluir a nadie de ningún puesto adonde le llamen aptitudes.

Si admitiésemos y diésemos por bueno lo que nos objetan siempre, que los hombres son más propios para ejercer las funciones que les están reservadas en nuestros días, podríamos invocar el argumento de que hoy se prohíbe establecer categorías de aptitud para ser elegido miembro del Parlamento. Si el sistema de elección excluye, durante doce años, a una persona capaz de ejercer dignamente el cargo de diputado, hay en ello pérdida, mientras nada se gana con la exclusión de mil incapaces; y si el cuerpo electoral está constituido de modo que haya de escoger personas incapaces, encontrará siempre en abundancia candidatos de esta especie dentro del sexo masculino. Para todas las funciones difíciles e importantes, el número de gente capaz es más reducido de lo que fuera menester, aun cuando se diese completa latitud a la elección; toda restricción de la libertad de elección quita, pues, a la sociedad probabilidades de elegir a un individuo competente, que la serviría bien, sin preservarla de elegir a uno incompetente.

En la actualidad, en los países más adelantados, las incapacidades de la mujer son, con levísimas excepciones, el único caso en que las leyes y las instituciones estigmatizan a un individuo al punto de nacer, y decretan que no estará nunca, durante toda su vida, autorizado para alcanzar ciertas posiciones. Solo conozco una excepción: la dignidad real.

Hay todavía personas que nacen para el trono; nadie puede subir a él a menos de pertenecer a la familia reinante, y aun dentro de esta misma familia, nadie puede llegar a reinar sino por el orden de la sucesión hereditaria. Las demás dignidades, las demás posiciones altas o lucrativas, están abiertas para el sexo masculino sin acepción de personas: cierto que algunas no pueden lograrse sino por medio de la riqueza; pero todo el mundo puede enriquecerse, y muchas personas de humilde origen consiguen granjear pingüe caudal. La mayoría encuentra, sin duda, obstáculos que no podría vencer sin ayuda de casualidades felices; pero a ningún individuo varón se le incapacita legalmente; ninguna ley, ninguna opinión añade su obstáculo artificial a los obstáculos naturales que encuentra el que quiere medrar y subir. Ya he dicho que la dignidad real es una excepción; pero todo el mundo está penetrado de que esta excepción es una anomalía en el mundo moderno, que se opone a sus costumbres y a sus principios, y no se justifica sino por motivos extraordinarios de utilidad, que en realidad existen, aunque los individuos y las naciones no lo crean. Si en esta única excepción encontramos una suprema función social sustraída a la competencia y reservada al nacimiento por altas razones, no por eso dejan las naciones de continuar adheridas en el fondo al principio que nominalmente quebrantan. En efecto, someten esta alta función a condiciones evidentemente calculadas para impedir a la persona a quien pertenece de un modo ostensible, el que positivamente la ejerza, mientras la persona que la ejerce en realidad, el ministro responsable, no la adquiere sino mediante una competencia, de que ningún ciudadano llegado a la edad viril está excluido. Por consiguiente, las incapacidades que afectan a las mujeres, por el mero hecho de su nacimiento, son el único ejemplo de exclusión que en la legislación hallamos. En ningún caso, y para nadie (excepto para el sexo que forma la mitad del género humano), están cerradas las altas funciones sociales por una fatalidad de nacimiento, que ningún esfuerzo, ningún cambio, ningún mérito puede vencer. Las incapacidades religiosas (que de hecho han dejado casi de existir en Inglaterra y en el continente) no cierran irrevocablemente una carrera; el incapacitado adquiere capacidad convirtiéndose.

La subordinación de la mujer surge como un hecho aislado y anómalo en medio de las instituciones sociales modernas: es la única solución de continuidad de los principios fundamentales en que éstas reposan; el único vestigio de un viejo mundo intelectual y moral, destruido en los demás órdenes, pero conservado en un solo punto, y punto de interés universal, punto esencialísimo. Figuraos un dolmen gigantesco o un vasto templo de Júpiter olímpico en el lugar que ocupa San Pablo, sirviendo para el culto diario, mientras a su alrededor las iglesias cristianas no se abriesen más que los días de fiesta. Esta disonancia entre un hecho social singularísimo y los demás hechos que le rodean y acompañan, y la contradicción que este hecho opone al movimiento progresivo, orgullo del mundo moderno, que ha barrido una tras otra las instituciones señaladas con el mismo carácter de desigualdad e injusticia, ofrece ancha margen a las reflexiones de un observador serio de las tendencias de la humanidad. De ahí una opinión prima facie contra la desigualdad de los sexos, mucho más fuerte que la que el uso y la costumbre pueden crear en su favor en las actuales circunstancias, y que ella sola bastaría para dejar indecisa la cuestión, como en la contienda entre la república y la moderna monarquía.

Lo menos que se puede pedir, es que la cuestión no se prejuzgue por el hecho consumado y la opinión reinante, sino que quede libre, que la discusión se apodere de ella y la ventile desde el doble punto de vista de la justicia y la utilidad: pues en esta como en las demás instituciones, la solución debiera depender de las mayores ventajas que, previa una apreciación ilustrada, pudiese obtener la humanidad sin distinción de sexos. La discusión tiene que ser honda, seria; es preciso que llegue hasta la entraña y no se contente con líneas generales y vaguedades retóricas. Por ejemplo: no se debe sentar el principio de que la experiencia se ha declarado en favor del sistema existente. La experiencia no ha podido elegir entre dos sistemas, mientras no se haya puesto en práctica sino uno de ellos. Dicen que la idea de la igualdad de los sexos no descansa más que en teorías, pero recordemos que no tiene otro fundamento la idea opuesta. Todo cuanto se puede alegar en su favor, en nombre de la experiencia, es que la humanidad ha podido vivir bajo este régimen, y adquirir el grado de desarrollo y de prosperidad en que hoy la vemos. Pero la experiencia no dice si se habría llegado más pronto a esta misma prosperidad, o a otra mayor y más completa, caso que la humanidad hubiese vivido bajo el régimen de la igualdad sexual. Por otro lado, la experiencia nos enseña que cada paso en el camino del progreso va infaliblemente acompañado de un ascenso en la posición social de la mujer, lo cual induce a historiadores y filósofos a considerar la elevación o rebajamiento de las mujeres como el criterio mejor y mas seguro, la medida más cierta de la civilización de un pueblo o de un siglo.

Durante todo el período de progreso, la historia demuestra que la condición de la mujer ha ido siempre aproximándose a igualarse con la del hombre. No significa esto que la asimilación deba llegar hasta igualdad completa: otros argumentos lo probarían mejor; pero éste de cierto suministra en favor de la igualdad un dato sólido.

Tampoco sirve de nada decir que la naturaleza de cada sexo le señala su posición, y para ella le condiciona. En nombre del sentido común, y fundándome en la índole del entendimiento humano, niego que se pueda saber cuál es la verdadera naturaleza de los dos sexos, mientras no se les observe sino en las recíprocas relaciones actuales. Si se hubiesen encontrado sociedades compuestas de hombres sin mujeres, o de mujeres sin hombres, o de hombres y mujeres sin que éstas estuviesen sujetas a los hombres, podría saberse algo positivo acerca de las diferencias intelectuales o morales que puede haber en la constitución de ambos sexos. Lo que se llama hoy la naturaleza de la mujer, es un producto eminentemente artificial; es el fruto de una compresión forzada en un sentido, y de una excitación preternatural en otro. Puede afirmarse que nunca el carácter de un súbdito ha sido tan completamente adulterado por sus relaciones con los amos, como el de la mujer por su dependencia del hombre; puesto que, si las razas de esclavos o los pueblos sometidos por la conquista estaban en cierto modo comprimidos más enérgicamente, aquellas tendencias suyas que un yugo de hierro no aniquiló, siguieron su evolución natural en cuanto encontraron ciertas condiciones favorables a su desarrollo. Pero con las mujeres se ha empleado siempre, para desarrollar ciertas aptitudes de su naturaleza, un cultivo de estufa caliente, propicio a los intereses y placeres de sus amos. Después, viendo que ciertos productos de sus fuerzas vitales germinan y se desarrollan rápidamente en esta caliente atmósfera —en la cual no se economiza ningún refinamiento de cultura, mientras otras derivaciones de la misma raíz, abandonadas a la intemperie y rodeadas de intento de hielo, nada producen, se secan y desaparecen—, los hombres, con esa ineptitud para reconocer su propia obra que caracteriza a los entendimientos superficiales y poco analíticos, se figuran sin más ni más que la planta crece espontáneamente del modo que ellos artificiosamente la cultivaron, y que moriría si no permaneciese sumergida mitad en un baño de vapor y en nieve la otra mitad.

## Capítulo VI. Obstáculos al progreso de las ideas

### El hombre no conoce a la mujer, y menos que nadie la conocen los galanteadores de oficio. La mujer disimula, por culpa de su situación de esclava

De cuantas dificultades son obstáculo al progreso de las ideas y a la formación de opiniones justas sobre la vida e instituciones sociales, la mayor es hoy la indecible ignorancia y punible indiferencia reinantes en la comprensión de las influencias que forman el carácter del hombre. Desde que parte de la humanidad está o parece estar constituida según cierto patrón, así sea el más imperfecto e irracional, damos en creer que ha llegado a ese estado en virtud de tendencias naturales, aun cuando resalten claramente las circunstancias extrínsecas que produjeron el estado social y que ya han cesado de imponerlo. Porque un colono irlandés, atrasado en el pago de sus arriendos, no se muestre diligente para el trabajo, hay gente que cree que los irlandeses son por naturaleza holgazanes. Porque en Francia las Constituciones pueden ser violadas y subvertidas cuando las autoridades nombradas para hacerlas respetar se vuelven contra ellas, hay quien cree que los franceses no nacieron para tener un gobierno libre. Porque los griegos engañan a los turcos, a quienes roban los griegos sin vergüenza, hay gente que cree que los turcos son por naturaleza más bonachones que los griegos. Porque se dice con frecuencia que las mujeres, en política, solo prestan atención a los personajes y no a las ideas, se supone que por disposición natural se interesan menos que los hombres por el bien general y los principios.

La historia, mejor comprendida hoy que en otro tiempo, nos ofrece muy distintas enseñanzas, nos descubre la exquisita receptividad de la naturaleza humana para admitir la influencia de las causas exteriores y su excesiva variabilidad en las materias mismas en que más constante e igual a sí misma parece. Pero en la historia, como en los viajes, los hombres no ven de ordinario sino lo que ya llevan en la imaginación, y en general desacierta en historia quien antes de estudiarla no era ya un sabio.

Resulta que acerca de esta difícil cuestión de saber cuál es la diferencia natural de los dos sexos, problema que, en el estado actual de la sociedad, es imposible resolver discretamente, casi todo el mundo dogmatiza, sin recurrir a la luz que puede iluminar el problema, al estudio analítico del capítulo más importante de la psicología: las leyes que regulan la influencia de las circunstancias sobre el carácter. En efecto: por grandes, y en apariencia imborrables, que fuesen las diferencias morales e intelectuales entre el hombre y la mujer, la prueba de que estas diferencias son naturales, hoy no existe; no se encontrará aunque la busquen con un candil. No hemos de considerar naturales sino aquellas diferencias que en absoluto no puedan ser artificiales, las que persistan cuando hayamos descartado toda singularidad que en uno u otro sexo pueda explicarse por la educación o por las circunstancias exteriores. Es preciso conocer a fondo el carácter sexual para tener derecho a afirmar que hay semejantes diferencias, y con más razón para decidir cuál es la diferencia que distingue a los dos sexos desde el punto de vista moral e intelectual. Nadie posee hasta ahora esa ciencia, porque no se ha estudiado; por eso niego el derecho de profesar opiniones terminantes. A lo sumo podremos hacer conjeturas más o menos probables, más o menos legítimas, según el conocimiento que tengamos de las aplicaciones de la psicología a la formación del carácter.

Si prescindiendo de los orígenes de las diferencias preguntamos en qué consisten, es muy poco lo que lograremos averiguar.

Los médicos y los fisiólogos han señalado diferencias, hasta cierto punto, en la constitución del cuerpo, y es un hecho que no debe olvidar el psicólogo; pero es raro encontrar un médico que sea psicólogo. Las observaciones de un médico acerca de los caracteres mentales de la mujer no tienen más valor que las de otro observador cualquiera. Es punto este sobre el cual no se sabrá nada definitivo, mientras las únicas personas que pueden conocerle, las mujeres mismas, no den sino insignificantes noticias, y, lo que es aún peor, noticias interesadas. Es fácil conocer a una mujer estúpida; la estupidez es igual para todos. Se pueden deducir los sentimientos y las ideas de una mujer estúpida cuando se conocen los sentimientos e ideas que reinan en el círculo donde vive. No pasa lo mismo con las personas cuyas ideas y sentimientos son producto de sus propias facultades. A lo sumo encontraremos algún hombre que conozca relativamente el carácter de las mujeres de su familia, sin saber nada de las demás. No hablo de sus aptitudes; esas nadie las conoce, ni ellas mismas, porque la mayor parte no han sido puestas nunca en juego; no hablo sino de sus ideas y sentimientos actuales. Hay hombres que creen conocer perfectamente a las mujeres, porque han sostenido comercio de galantería con algunas, tal vez con muchas o muchísimas. Si son buenos observadores, y si su experiencia une la calidad a la cantidad, han podido aprender algo de un aspecto del carácter de la mujer, que no deja de tener importancia. Pero en cuanto al resto, son los más ignorantes de todos los hombres, porque son aquellos ante quienes mejor ha disimulado la mujer. El sujeto más adecuado para que un hombre estudie el carácter de las mujeres, es su mujer propia; las ocasiones son favorables y reiteradas, y no dejan de encontrarse ejemplos de perfecta simpatía entre esposos. En efecto, esa es la fuente de donde creo que brotará cuanto valga la pena de ser conocido. Pero la inmensa mayoría de los hombres no han tenido ocasión de estudiar así más que a una mujer; y es chistoso lo fácil que resulta el adivinar el carácter de una mujer, solo con oír las opiniones que emite su marido sobre el sexo en general. Para sacar de este caso único algo en limpio, es preciso que la mujer valga la pena de ser conocida y que no solo el hombre sea juez competente, sino que también posea un carácter tan simpático y tan adaptado al de su mujer, que pueda leer en su espíritu por medio de una especie de intuición, o que su mujer no sienta empacho alguno al mostrarle el fondo de sus sentimientos. Y este caso sí que es una mosca blanca. A menudo existe entre esposa y esposo unidad completa de sentimientos y comunidad de puntos de vista en cuanto a las cosas exteriores, y, sin embargo, en cuanto a las ideas íntimas y profundas, no se entienden ni como amigos; son dos conocidos, dos extraños. Aun cuando les una verdadero afecto, la autoridad por una parte y la subordinación por otra impiden que florezca la confianza.

Puede que la mujer no tenga intención de disimular, pero hay muchas cosas que no deja entrever a su marido. El mismo fenómeno se observa entre padres e hijos. A pesar de la recíproca ternura que realmente une al padre con su hijo, ocurre con frecuencia que el padre ignora y ni llega a sospechar ciertos detalles del carácter de su hijo, que conocen a las mil maravillas los compañeros e iguales de éste. La verdad es que, desde el momento en que un ser humano está bajo nuestro dominio y autoridad, mal podríamos pedirle sinceridad y franqueza absoluta. El temor de perder la buena opinión o el afecto del superior es tan fuerte, que, aun teniendo un carácter muy recto, se deja uno llevar, sin notarlo, a no mostrar si no el lado más bello, o siquiera el más agradable a sus ojos; puede decirse con seguridad que dos personas no se conocen íntima y realmente sino a condición de ser, no solamente prójimos, sino iguales.

Y todavía juzgo más imposible llegar a conocer a una mujer sometida a la autoridad conyugal, a quien hemos enseñado que su deber consiste en subordinarlo todo al bienestar y al placer de su marido y a no dejarle ver ni sentir en su casa más que lo agradable y halagüeño. Todas estas dificultades impiden que el hombre adquiera un conocimiento completo de la única mujer a quien más a menudo estudia seriamente. Y, por lo demás, si consideramos que comprender a una mujer no es necesariamente comprender a otra; que aunque pudiésemos estudiar las mujeres de cierta clase y de determinado país no entenderíamos por eso a las de otro país y de otra clase; que aunque llegásemos a lograr este objeto no conoceríamos sino a las mujeres de un solo período de la historia, tenemos el derecho de afirmar que el hombre no ha podido adquirir acerca de la mujer, tal cual fue o tal cual es, dejando aparte lo que podrá ser, más que un conocimiento sobrado incompleto y superficial, y que no adquirirá otro más profundo mientras las mismas mujeres no hayan dicho todo lo que hoy se callan, todo lo que disimulan por natural defensa.

## Capítulo VII. Lento advenimiento de la justicia

**Las literatas esclavistas. Que la mujer, libre para emprender todas las carreras, no emprenderá sino las que le dicten sus facultades naturales. Proteccionismo masculino. Lo que es hoy el matrimonio. Criada o bayadera**

Este día no vendrá ni puede venir sitio muy despacio. Fue ayer, como quien dice, cuando las mujeres adquirieron por su talento literario o por consentimiento de la sociedad, el derecho de dirigirse al público. Hasta el día, pocas mujeres se han atrevido a decir lo que los hombres, de quienes depende su éxito literario, no quieren oír ni entender. Recordemos que comúnmente se ha recibido muy mal la expresión de ideas originales y pensamientos radicales y osados, aun emitidos por un hombre. Veamos cómo se reciben aún, y tendremos alguna idea de las trabas y obstáculos que cohíben a una mujer educada en la idea de que la costumbre y la opinión han de ser leyes soberanas de su conducta, cuando quiere trasladar a un libro algo de lo que palpita en su alma.

La mujer más ilustre de cuantas han dejado obras lo bastante bellas para conquistar a su autora puesto eminente en la literatura de su país, creyó oportuno poner este epígrafe a su libro más atrevido: «El hombre puede desafiar la opinión; la mujer debe someterse a ella». La mayor parte de lo que las mujeres escriben es pura adulación para los hombres. Si la que escribe no está casada, diríase que escribe para encontrar marido. Bastantes mujeres, casadas o no, van más allá, y propalan, en favor de la esclavitud de su sexo, ideas tan serviles, que no dijera tanto ningún hombre, ni el más vulgar y estólido. Es verdad que ya hoy va desapareciendo esta ralea de literatas esclavistas. Las mujeres van adquiriendo algún aplomo, y se atreven a afirmar sus sentimientos reales.

En Inglaterra, sobre todo, el carácter de la mujer es un producto artificial, compuesto de un corto número de observaciones e ideas personales, mezcladas con gran número de preocupaciones admitidas. Este estado de cosas se modificará de día en día, pero persistirá en gran parte mientras nuestras instituciones no autoricen a la mujer a desarrollar su originalidad tan libremente como el hombre. Cuando este tiempo llegue, pero antes no, nos entenderemos, y lo que es más, veremos cuánto hay que aprender para conocer la naturaleza femenina y saber de qué es capaz y para qué sirve.

Si he insistido tanto en las dificultades que impiden al hombre adquirir verdadero conocimiento de la condición real de la mujer, es porque sobre este punto, como sobre tantos otros, opinio copiae inter maximas causas inopia est, y porque hay pocas probabilidades de adquirir ideas razonables acerca de este asunto, mientras los hombres se jacten de comprender perfectamente una materia de que la mayor parte no sabe nada y que por ahora es imposible que ni un hombre ni toda la colectividad viril, conozca lo bastante para tener el derecho de prescribir a las mujeres su vocación y función social propia. Por fortuna no se necesita un conocimiento tan completo para regular las cuestiones relativas a la posición de las mujeres en la sociedad, pues según los principios constitutivos de la sociedad moderna, a las mujeres toca regularla; sí, a ellas pertenece decidirla según su experiencia y con ayuda de sus propias facultades.

No hay medio de averiguar lo que un individuo es capaz de hacer sino dejándole que pruebe, y el individuo no puede ser reemplazado por otro individuo en lo que toca a resolver sobre la propia vida, el propio destino y la felicidad propia.

Acerca de esto, podemos estar tranquilos. Lo que repugne a las mujeres, no lo harán aunque se les conceda libertad amplia. Los hombres no saben sustituir a la naturaleza. Es completamente superfluo prohibir a las mujeres lo que su misma constitución no les permite. Basta la concurrencia para alejarlas de aquello en que no puedan competir con los hombres, sus competidores naturales, puesto que no pedimos en favor de ellas ni privilegios ni proteccionismo; todo lo que solicitamos se reduce a la abolición de los privilegios y el proteccionismo de que gozan los hombres. Si la mujer tiene una inclinación natural más fuerte hacia determinadas tareas que hacia otras, no hay necesidad de leyes para obligar a la mayoría de las mujeres a hacer esto en vez de aquello. El cargo más solicitado por la mujer, en cualquier caso, será aquel que la misma libertad de concurrencia la impulse; y, como lo indica el sentido de las palabras, pedirá aquello para que sea más a propósito, de suerte que lo que se estipule en su favor asegurará el empleo más ventajoso de las facultades colectivas de ambos sexos.

Créese que es opinión general de los hombres que la vocación natural de la mujer reside en el matrimonio y la maternidad. Y digo créese, porque a juzgar por los hechos y por el conjunto de la constitución actual, deducirse podría que la opinión dominante es justamente la contraria. Bien mirado, diríase que los hombres comprenden que la supuesta vocación de las mujeres es aquello mismo que más repugna a su naturaleza, y que si las mujeres tuviesen libertad para hacer otra cosa muy diferente, si se las dejase un resquicio, por pequeño que fuera, para emplear de distinto modo su tiempo y sus facultades, solo un corto número aceptaría la condición que llaman natural. Si así piensa la mayor parte de los hombres, convendría declararlo. Esta teoría late, sin duda alguna, en el fondo de cuanto se ha escrito acerca de la materia; pero me gustaría que alguien lo confesase con franqueza y viniese a decirnos: «Es necesario que las mujeres se casen y tengan hijos, pero no lo harán sino por fuerza. Luego es preciso forzarlas.» Entonces veríamos el intríngulis de la cuestión. Este lenguaje franco se parecería al de los defensores de la esclavitud en la Carolina del Sur y la Luisiana. «Es preciso, decían, cultivar el algodón y el azúcar. El hombre blanco no puede, el negro no quiere por el precio que le queremos pagar, Ergo, es preciso obligarle.» Otro ejemplo más concluyente. Juzgábase absolutamente necesaria la leva de marinos para la defensa del país. «Sucede a menudo, decían, que no quieren engancharse voluntariamente, luego es preciso que tengamos poder para obligarles a ello.»

¡Cuántas veces se razona de esta suerte! Y si no se resintiese este razonamiento de vicios originarios, triunfaría hasta hoy. Pero podemos replicar así: «Pues empezad por pagar a los marineros el valor de su trabajo, y cuando lo hayáis hecho tan lucrativo como el de los demás contratistas, tendréis las mismas facilidades que éstos para obtener lo que deseáis.» El argumento no tiene otra contestación lógica sino «no nos da la gana»; y como hoy se avergüenzan de robar al trabajador su salario, la leva de los marineros no encuentra ya defensores.

Los que pretenden obligar a la mujer al matrimonio cerrándola las demás salidas, se exponen a igual réplica. Si piensan lo que dicen, su opinión significa que el hombre no hace el matrimonio lo bastante apetecible para la mujer, a fin de tentarla por las ventajas que reúne. No parece que se tiene muy alta idea de lo que se va a ofrecer, cuando decimos: «Tomad esto, o si no, no tendréis nada.» En mi concepto, así se explica el sentimiento de los hombres que muestran antipatía a la libertad y la igualdad de la mujer. Esos esclavistas temen, no que las mujeres no quieran casarse, pues no creo que ninguno abrigue realmente tal aprensión, sino que exijan en el matrimonio condiciones de igualdad: temen que toda mujer de talento y de carácter prefiera otra cosa que no te parezca tan degradante como el casarse, si al casarse no hace más que tomar un amo, entregándole cuanto posee en la tierra. En realidad, si esta consecuencia fuese un accesorio obligado del matrimonio, creo que el temor tendría fundamento. Yo lo comparto, y juzgo muy probable que bien pocas mujeres capaces de emplearse mejor, escogiesen, a menos de sentir una pasión irresistible y ciega, suerte tan indigna, teniendo a su disposición otros medios para ocupar en la sociedad puesto honroso. Si los hombres están dispuestos a sostener que la ley del matrimonio debe ser el despotismo, tienen razón y miran a su conveniencia no dejando más camino a la mujer. Pero entonces, todo cuanto hace el mundo moderno para aligerar las cadenas que pesan sobre el espíritu de la mujer, es un desatino, un contrasentido absurdo. Nunca debimos dar a la mujer pizca de educación literaria. Las mujeres que leen, y con más razón las que escriben, son, en el estado actual, una contradicción y un elemento perturbador: ha sido funesto el enseñar a la mujer cosa distinta de lo que incumbe a su papel de bayadera o de criada.

## Capítulo VIII. Cómo se trataba a la mujer

**Extensión ilimitada de la autoridad paterna. Delito de baja traición. La esposa esclava. No es dueña de sus bienes. Es más esclava que ningún esclavo lo fue nunca**

Conviene entrar a discutir los detalles de la cuestión, desde el punto de vista a que hemos llegado: la condición que las leyes añaden al contrato matrimonial. Como el matrimonio es el destino que la sociedad señala a las mujeres, el porvenir para el cual las educa y el fin que entiende que persiguen todas, a excepción de las que no reúnen bastantes atractivos para que un hombre quiera escoger entre ellas la compañera de su vida, podríamos suponer que todo está dispuesto para hacer esta condición lo más grata posible, a fin de que las mujeres no tengan nunca que lamentar el no haber elegido otra. Pues no hay nada de eso, y en este caso, como en los demás, la sociedad ha preferido llegar a su objeto por medios vergonzosos, mejor que por medios honrados.

Es el único caso en que realmente persisten esos métodos opresivos e indignos. Al principio se apresaba a las mujeres por fuerza, o el padre las vendía al marido. No hace mucho tiempo aún que, en Europa, el padre tenía autoridad para disponer de su hija y casarla a su gusto, sin cuidarse de pedirla asentimiento. La Iglesia permanecía bastante fiel a una idea moral superior, exigiendo un sí formal a la mujer en el momento del matrimonio; pero no se metía en averiguar si era forzado el consentimiento; érale completamente imposible a una joven negarse a la obediencia, si el padre persistía en exigirla, a menos de obtener la protección religiosa por medio de una firme resolución de pronunciar votos monásticos. Una vez casado, el hombre tenía en otro tiempo (antes del cristianismo), derecho de vida y muerte sobre su mujer. Esta no podía invocar la ley contra él; el esposo era su único juez, su ley única. Durante mucho tiempo pudo repudiarla, mientras ella no tenía el mismo derecho. En las antiguas leyes de Inglaterra, el marido se titulaba señor de su mujer, era literalmente su soberano, de modo que el asesinato de un hombre, cometido por su mujer, se llamaba traición («baja traición» para distinguirla de la «alta traición»), y era castigado más cruelmente que el crimen de alta traición, puesto que se imponía a la culpable la pena de ser quemada viva.

Porque esas atrocidades han caído en desuso (pues la mayor parte no están abolidas, o no lo fueron sino después de haber cesado de ser puestas en práctica durante muy largo tiempo), se supone que todo ha mejorado con el pacto matrimonial como se entiende hoy, y hay quien no cesa de repetir que la civilización y el cristianismo han reconocido a la mujer sus justos derechos. Por desgracia, no es verdad: la esposa es hoy realmente tan esclava de su marido, en los límites de la obligación legal, como los esclavos propiamente dichos de otras épocas. Jura en el altar obediencia a su marido por toda la vida, y está constreñida a obediencia vitalicia por la acción de la ley. Los casuistas dirán que esta obligación tiene un límite; que cesa en el punto en que a la mujer la quisiesen obligar a ser cómplice de un crimen; pero basta que se extienda a todo lo demás. La mujer no puede hacer nada sin el permiso tácito, por lo menos, de su esposo. No puede adquirir bienes más que para él; desde el instante en que obtiene alguna propiedad, aunque sea por herencia, para él es ipso facto. En esto, la situación creada a la mujer por la ley inglesa es peor que la de los esclavos, según los códigos de varios países. En la ley romana, por ejemplo, el esclavo podía tener un pequeño peculio suyo, para su uso exclusivo, defendido hasta cierto punto por la ley. Las clases elevadas de Inglaterra han otorgado a sus mujeres análoga ventaja por medio de contratos especiales que modifican la ley, estipulando para la mujer la libre disposición de ciertas sumas. Los padres ricos tratan de sustraer, por disposiciones adecuadas, la totalidad o parte al menos de los bienes patrimoniales de la mujer a la dirección del marido; pero nunca logran ponerlos bajo la propia dirección de la dueña, ni que disponga de ellos a su antojo. Todo lo más que pueden obtener es impedir que el marido los despilfarre; pero al mismo tiempo privan al legítimo propietario del libre uso de sus bienes. La propiedad queda fuera del poder de los dos esposos, y según las disposiciones más favorables para la mujer, la renta debe ser percibida por la mujer, no por el marido, arreglo que se conoce con el nombre de régimen de la separación de bienes: es preciso que la renta pase por manos de la esposa; pero si el marido se la arranca con la violencia, no incurre en ninguna pena, y no se le puede obligar a la devolución. ¡Esta es la protección que las leyes de Inglaterra conceden a los miembros de la más alta nobleza, al casar a sus hijas!

En la inmensa mayoría de los casos no hay especial convenio para eludir la ley, y el marido lo absorbe todo, derechos, propiedad, libertad de su mujer. El marido y la mujer no forman más que una persona legal, lo cual significa que todo lo de ella es de él, pero no que todo lo de él es de ella; este último criterio no se aplica al hombre, sino para hacerle responsable de los actos de su mujer, como se hace a un amo responsable de los actos y demasías de sus esclavos o de sus rebaños. No es mi propósito afirmar que las mujeres no sean en general mejor tratadas que los esclavos; pero sí digo que no hay esclavo cuya esclavitud sea tan completa como la de la mujer. Es raro que un esclavo, a menos de estar unido a la persona de su amo, sea esclavo a toda hora y a cada minuto; en general tiene el esclavo, como el soldado, su tarea o su tiempo de obedecer; cumplida esa tarea, dispone, hasta cierto punto, de su tiempo, hace vida de familia, en la cual rara vez se mezcla el amo. El Tío Tomás, bajo su primer amo, tenía hogar, y vivía en su choza cual en su habitación un obrero libre; no así la mujer, como voy a probar.

## Capítulo IX. El débito

### Los hijos no pertenecen a la mujer en caso de separación. ¿De qué sirve la separación? Los individuos casi nunca son tan inicuos como la ley

Ante todo, la mujer esclava goza (en los países cristianos) del derecho reconocido y tiene hasta obligación moral de rehusar los últimos favores a su amo. No sucede lo mismo con la esposa; por brutal y tiránico que sea el hombre a quien esté encadenada; aunque ella comprenda que es objeto de su odio, aunque él muestre placer en torturarla sin cesar, aunque ella no pueda absolutamente contrarrestar una aversión profunda, el dueño podrá exigir de ella que se someta a la más innoble degradación a que es capaz de descender un ser humano, obligándola a ser, a pesar suyo, instrumento de una función animal.

Pero mientras la mujer está sometida a la peor de las esclavitudes, ¿cuál es su posición con relación a sus hijos, objeto de interés común para ella y el amo? Según la ley, los hijos son del marido; él solo tiene sobre ellos derechos legales; ella no puede nada sin autorización del marido; y aun después de la muerte de éste, la mujer no es custodio legal de sus hijos, a menos que el marido expresamente la encargue de ello. El marido pudo separarlos de ella, privarla de verlos, prohibirla toda correspondencia con ellos, hasta una época muy reciente en que restringió este poder una ley. Ese es el estado legal de la mujer, y no tiene ningún medio de eludirlo; si abandona a su marido, no debe llevarse nada consigo, ni sus hijos, ni objeto alguno de su propiedad; el marido puede, si quiere, en nombre de la ley, obligarla a volver a su lado; y puede emplear la fuerza física, o limitarse a tomar para sí todo cuanto ella gane o la hayan dado sus padres. Solo una sentencia de los tribunales podrá autorizarla a vivir separada, dispensarla de reunirse con su carcelero y facultarla para aplicar a sus propias necesidades las ganancias que obtenga, sin temer que un hombre a quien no ha visto en veinte años se lance sobre ella y la arrebate cuanto ganó con su sudor o su inteligencia. Hasta hace poco, los tribunales no otorgaban esta separación sino a costa de gastos enormes, que la hacían imposible para las personas que no perteneciesen a la más alta categoría social. Hoy no se concede sino en caso de abandono o de malos tratamientos y sevicias, y aun hay quien se queja todos los días de que se otorga fácilmente.

Y yo digo que, si una mujer no tiene más destino en este mundo que ser esclava de un déspota; si su dicha o desdicha pende de la casualidad de encontrar hombre que la haga favorita, en lugar de mártir, es cruel agravación de su castigo el no poder tentar fortuna más que una vez. Puesto que todo en la vida pende para la mujer de la chiripa de encontrar un buen amo, sería preciso que, como consecuencia natural de este estado de cosas, tuviese el derecho de variar y variar hasta encontrar la ganga. No abogo porque se la confiera tal privilegio; esa es otra cuestión. No abrigo intención de ventilar el problema del divorcio con libertad para casarse nuevamente. Por ahora me limito a indicar que, para quien no tiene más destino que la servidumbre, no hay otro medio de atenuar el rigor de ésta —y es medio insuficiente aún— que el derecho de escoger y desechar libremente el amo. La negación de esta libertad completa es la asimilación de la mujer al esclavo, y al esclavo en la más dura de las servidumbres, porque ha habido códigos que concedían al esclavo, en ciertos casos de malos tratamientos, el derecho de obligar legalmente a su amo a enajenarle. Pero en Inglaterra no hay malos tratamientos, por repetidos que sean, a menos que el adulterio del marido venga a agravarlos, que puedan librar a una mujer de su verdugo.

No quiero exagerar, ni hay para qué. He descrito la posición legal de la mujer, no el tratamiento que se la da realmente. Las leyes de la mayoría de los países son peores que la gente que las ejecuta, y muchas de estas leyes deben su duración a que solo por extraordinario vemos aplicarlas. Si la vida conyugal fuese todo lo que puede ser desde el punto de vista legal, la sociedad sería un infierno en la tierra. Por fortuna existen, al mismo tiempo que leyes ridículas, sentimientos e intereses que en muchos hombres excluyen y en muchísimos moderan los impulsos y estímulos que conducen a la tiranía: de todos estos sentimientos, el lazo que une al marido con su mujer es indudablemente el más fuerte; el único semejante, el que une al padre con sus hijos, tiende siempre, salvo en casos excepcionales, a apretar el primero en lugar de aflojarlo. Pero porque así acontezca; porque en general los hombres no hagan sufrir a las mujeres todos los vejámenes que podrían si usasen el amplio poder de que disponen para tiranizarlas, los defensores de la forma actual del matrimonio imaginan que cuanto encierra de inicuo está justifica-do, y que las protestas no pasan de vanas recriminaciones.

Las atenuaciones y dulzuras que en la práctica no son inconciliables con el rigorismo de tal o cual forma de tiranía, en lugar de servir de excusa al despotismo, solo valen para demostrar la fuerza de la naturaleza humana en resistir y dominar las instituciones más vergonzosas, y la vitalidad con que la semilla del bien, como la del mal, contenidas ambas en el carácter del hombre, germina y crece en cualquier terreno.

## Capítulo X. Comparación entre el despotismo doméstico y el político

**Adhesión de los esclavos a sus amos. El poder absoluto, entregado hasta al más vil de los hombres. Sevicias. El desquite de la mujer. La injusticia, como todos los seres, engendra a su semejante**

Lo que puede decirse del despotismo doméstico, es aplicable al despotismo político. No todos los reyes absolutos se asoman a la ventana para distraerse oyendo gemir a los vasallos a quienes torturan; no todos les despojan del último jirón de sus vestidos par arrojarles después en cueros a la vía pública. El despotismo de Luis XVI no era el de Felipe el Hermoso, el de Nadir-Schah o el de Calígula, pero bastaba para justificar la Revolución francesa y para servir de excusa, hasta cierto punto, a sus horrores. En vano es invocar la poderosa adhesión de algunas mujeres a sus maridos; también podrían invocarse muchos ejemplos de adhesión, tomados de la esclavitud doméstica. En Grecia y Roma se ha visto a los esclavos perecer en los tormentos antes que hacer traición a sus dueños. Durante las proscripciones que siguieron a las guerras civiles entre los romanos, se notó que las mujeres y los esclavos eran fieles hasta el heroísmo, y muy a menudo los hijos eran los traidores. No obstante, ya sabemos con cuánta crueldad trataban a sus esclavos los romanos. Hay que decir a boca llena que estas abnegaciones y adhesiones individuales nunca alcanzan mayor grado de belleza que bajo las instituciones más atroces y despóticas.

Es una ironía de la vida que los más enérgicos sentimientos de gratitud y de apego de que la naturaleza humana es capaz, se desarrollen en el corazón humano a favor del dueño absoluto, del que puede matarnos y nos deja con vida. Sería cruel averiguar el papel que todavía desempeña este sentimiento en la devoción religiosa. Con frecuencia vemos que el hombre adora a Dios más profundamente cuando se cree castigado, anonadado por él.

Los defensores de una institución despótica, sea la esclavitud, el absolutismo político o el absolutismo del cabeza de familia, quieren siempre que la juzguemos por los ejemplos más favorables. Nos pintan cuadros en que la ternura de la sumisión responde a la solicitud de la autoridad; en que un señor prudente lo arregla todo divinamente para sus subordinados y vive rodeado de bendiciones. La demostración sería oportuna, si nosotros creyésemos que no existen hombres buenos. ¿Quién duda que el gobierno absoluto de un hombre bueno puede, ejerciéndose con gran bondad, producir enorme suma de felicidad e inspirar vivísimo reconocimiento? Pero las leyes se hacen porque existen también hombres malos. El matrimonio no puede ser una institución creada para un corto número de elegidos. A los hombres no se les pide, antes de casarse, prueba testifical de que podemos fiar en su manera de ejercer el poder absoluto. Los lazos de afecto y obligación que unen al marido con su mujer y sus hijos, son muy fuertes para los honrados, que aceptan y cumplen sus obligaciones sociales, y hasta para un gran número de los que las descuidan y desdeñan. Pero en la manera de sentir estos deberes, existen infinitos grados, así como se encuentran todos los matices en la bondad y en la maldad, hasta llegar a individuos que ningún lazo respetan, y sobre quienes la sociedad no tiene otro medio de acción que la ultima ratio, las penas impuestas por la ley. En cada grado de esta escala descendente, hay hombres que poseen la omnímoda soberanía legal otorgada al marido. El malhechor más vil tiene una miserable mujer, y contra ella puede permitirse todas las atrocidades, excepto el asesinato, y aun si es diestro puede hacerla perecer sin miedo a la sanción penal. ¡Cuántos millares de individuos pululan en las clases más bajas de cualquier país, que, sin ser malhechores en el sentido legal, al menos estrictamente, porque sus agresiones encuentran resistencia fuera del hogar, se entregan a todos los excesos de la violencia contra la desgraciada mujer que, sola con sus hijos, no puede rechazar su brutalidad ni librarse de ella! El exceso de dependencia a que la mujer está reducida inspira a estas naturalezas innobles y salvajes, no generosos miramientos ni la delicadeza de tratar bien a quien por vicios de la organización social está bajo su tutela, sino por el contrario, la idea de que la ley se la entrega como cosa, para usar de ella a discreción, sin obligación de respetarla como a los demás individuos. La ley que hasta hace poco apenas trataba de castigar tan odiosos excesos, hizo en estos últimos años débiles esfuerzos para reprimirlos. Han producido escaso resultado y no esperemos más, porque es contrario a la razón y a la experiencia que se pueda poner freno a la brutalidad, dejando a la víctima en poder del verdugo. Mientras una condena por lesiones, o si se quiere por reincidencia, no dé a la mujer, ipso facto, derecho al divorcio, al menos a la separación judicial, los esfuerzos para reprimir la «sevicia grave» con penas, quedarán sin efecto por falta de querellante o de testigo.

Si consideramos el inmenso número de hombres que dondequiera, en los países civilizados, apenas se elevan sobre el nivel del bruto animal, y si pensamos que nada se opone a que adquieran, por ley de matrimonio, la posesión de una víctima, veremos la espantosa sima de miserias que se abre solo por este concepto ante la mujer. Estos no son sino los casos extremos, los últimos abismos; ¡pero antes de llegar a ellos, cuántos y cuán profundos, aunque algo menos espantosos! En la tiranía doméstica, como en la política, los monstruos demuestran el alcance de la institución; por ellos se sabe que no hay horror que no pueda cometerse bajo ese régimen, si el déspota quiere; y por ellos también se mide con exactitud la espantosa frecuencia de crímenes menos atroces, pero harto reprobables y cruelísimos.

Los demonios son tan raros como los ángeles en la especie humana; más raros tal vez; en cambio es muy frecuente encontrar algunos feroces salvajes, susceptibles de accesos de humanidad; y en el espacio que los separa de los más nobles representantes del género humano, ¡cuántas formas, cuántos grados de bestialidad y de egoísmo que se encubren bajo un barniz de la civilización y cultura! Los individuos viven así en paz con la ley; se presentan muy respetables, al exterior, ante los que no están bajo su dominio; y sin embargo, basta su maldad para hacer la vida insoportable a quienes les rodean y soportan. Sería prolijo repetir algo de lo mucho que se ha declamado con motivo de la general incapacidad de los hombres para el ejercicio del poder: después de varios siglos de discusiones políticas, todo el mundo las sabe de memoria, pero casi nadie piensa en aplicar esas máximas al caso en que mejor convienen: a un poder no confiado a uno o varios hombres selectos, sino entregado a cualquier adulto del sexo masculino, hasta al más bárbaro y más vil. Porque un hombre no haya quebrantado ninguno de los diez mandamientos o porque goce buena reputación entre gente con quien no tiene roce íntimo y constante, o porque no se entregue a violencias contra los que no están obligados a sufrirle, no es dable presumir la línea de conducta que observará en su casa cuando sea dueño absoluto.

Los hombres más vulgares reservan el lado violento y cócora de su carácter abiertamente egoísta para los que no tienen poder bastante a resistirlos. La relación de superior a subordinado, es el semillero de esos vicios de carácter; de su misma existencia tornan savia. El hombre cócora y violento para con sus iguales, es seguramente un hombre que ha vivido entre inferiores a quienes podía dominar por vejaciones o por el temor. Si la familia es, como suele decirse, una escuela de simpatía, de ternura, de afectuoso olvido de sí mismo, es también, con mayor frecuencia para el jefe, una escuela de obstinación, de arrogancia, de un desafuero sin límites, de un egoísmo refinado e idealizado, en que hasta el sacrificio es forma egoísta, puesto que el hombre no toma interés por su mujer y sus hijos sino porque forman parte de su propiedad; puesto que a sus menores caprichos sacrifica la felicidad ajena.

¿Puede esperarse algo mejor de la forma actual del matrimonio? Todos sabemos que las malas inclinaciones de la naturaleza humana no se contienen en límites tolerables sino cuando encuentran dique. Sabido es que por inclinación o por costumbre, ya que no con propósito deliberado, se abusa siempre del que cede, hasta obligarle a la resistencia. Y no obstante estas conocidas tendencias de la naturaleza humana, nuestras instituciones actuales conceden al hombre poder casi ilimitado sobre un miembro de la humanidad, aquel con quien vive, el que está siempre a su lado, el compañero. Este poder busca los gérmenes latentes del egoísmo en los repliegues hondos del corazón del hombre, reanima las más débiles chispas, aviva el fuego oculto y da rienda suelta a inclinaciones que, en otras circunstancias, el hombre se veía precisado a reprimir y disimular, hasta el punto de formarse con el tiempo una segunda naturaleza más generosa. Sé que existe el reverso de la medalla: reconozco que si la mujer no puede resistir, le queda el derecho de represalias, tiene medios de hacer muy desgraciada la vida del hombre, y se sirve de ellos para que prevalezca su voluntad en casos en que debería imponerla y hasta en muchos en que no debería. Pero este sistema de protección personal, que puede llamarse el poder del escándalo y la sanción del mal humor, adolece del vicio fatal de que suele emplearse contra los amos menos tiránicos y en provecho de los subordinados menos dignos; es el arma de las mujeres irascibles y voluntariosas, que harían peor uso del poder si lo poseyesen, y que abusan del que han salteado. Las mujeres de genio dulce no pueden recurrir a esta arma, y las de corazón levantado y magnánimo la desdeñan. Por otra parte, los maridos contra quienes se emplea con buen éxito, son los más blandos, los más inofensivos, aquellos a quienes ninguna especie de provocación impulsa a ejercer severamente su autoridad. El poder que tiene la mujer de hacerse desagradable, da por resultado el de establecer una contra-tiranía y causar víctimas en el otro sexo, sobre todo en los maridos menos inclinados a erigirse en tiranos. Así la injusticia produce y engendra la injusticia.

## Capítulo XI. Causas que contribuyen a dulcificar lo terrible de la institución

### El poder no sustituye a la libertad. Ni tiranas ni tiranizadas. La asociación comercial y la familia

¿Qué es, pues, lo que realmente modera los efectos corruptores del poder y los hace compatibles con la suma real de bien que vemos en derredor nuestro? Las caricias femeninas, que en casos particulares pueden ser eficaces, sirven de poco para modificar las tendencias generales de la situación. En efecto, este género de influjo únicamente dura mientras la mujer es joven y bella, o mientras persiste el encanto de lo nuevo y no se ha destruido con la familiaridad; y todavía hay muchos hombres para quienes son inútiles estos hechizos. Las causas que contribuyen realmente a dulcificar la institución, son: el cariño que produce el tiempo, en la medida que la naturaleza del hombre s capaz de sentirlo, o cuando el carácter de la mujer es bastante simpático para engendrarlo; los intereses comunes en cuanto a los hijos, y otros intereses recíprocos también, pero sometidos a grandes restricciones; la solicitud de la mujer para embellecer la vida del marido; el mérito que el marido reconoce en su mujer, desde su punto de vista personal, que para un hombre generoso llega a ser origen de desinteresada ternura; el ascendiente que ejerce el ser humano sobre aquellos que le rodean, y que con el agrado pueden, por la comunicación inconsciente de sus sentimientos y propósitos, obtener sobre la conducta de sus superiores imperio hasta excesivo e irracional, a menos que lo contrarreste cualquier otra influencia directa. Por tan varios modos llega a menudo la mujer a ejercer poder exorbitante sobre el hombre e influir en su conducta, con influencia no siempre recta y beneficiosa; influencia que puede, no solamente carecer de luz, sino también emplearse en favor de una causa moralmente mala, en casos en que el hombre obraría mejor si siguiese sus propias inclinaciones.

Pero en la familia, como en el Estado, el poder no sustituye racionalmente a la libertad. El poder que la mujer ejerce sobre su marido la da con frecuencia lo que no tiene derecho a obtener, y no la da medios de asegurar sus propios derechos legítimos. La esclava favorita de un sultán posee también esclavos a quienes tiraniza, y valdría más que no los tuviese y ella misma no fuese esclava. Absorbiendo su propia existencia en la de su marido, careciendo de voluntad o persuadiéndole de que no quiere sino lo que él quiere en los negocios comunes, y empleando toda su vida con arreglo a este orden de sentimientos, la mujer puede darse la satisfacción de influir y probablemente de pervertir la conducta del esposo en asuntos que es siempre incapaz de juzgar o en que está totalmente sugestionada por cualquier motivo personal o por cualquier preocupación. En consecuencia, según el estado presente de las cosas, los más benévolos con su mujer lo mismo se pervierten que se aferran en el amor al bien por el influjo femenino, cuando se trata de intereses que caen fuera de la órbita de la familia.

Se ha enseñado a la mujer que no la corresponde ocuparse en cosas ajenas a su esfera; por eso no suele formar opinión verdadera y concienzuda acerca de ellas, y por eso nunca las abraza con un fin legítimo ni tercia en ellas más que con interesados propósitos. En política ignora en qué consiste el derecho (y no la preocupa), pero sabe muy bien lo que puede procurar un título a su marido, un destino a su hijo o un brillante matrimonio a su hija.

Pero, se me dirá, ¿cómo puede existir una sociedad sin gobierno? En la familia, como en el Estado, debe haber una persona que mande, que decida, cuando los cónyuges difieran de opinión; no puede ir cada cual por su lado, y es preciso tomar un partido y resolver.

Respondo: no es cierto que en toda asociación voluntaria de dos personas deba ser una de ellas árbitro absoluto, y menos aún, que pertenezca a la ley el determinar a cuál compete decidir. Aparte del matrimonio, la forma de asociación voluntaria que vemos más a menudo es la sociedad comercial. Pues nadie ha juzgado necesario fijar por medio de la ley que en toda sociedad de ese género uno de los asociados tenga la absoluta dirección de los negocios, mientras los otros no hagan sino obedecer sus órdenes. Nadie querría entrar en la sociedad ni someterse a la responsabilidad que pesa sobre un jefe, no conservando más poder que el de agente o empleado. Si la ley interviniese en todo contrato como interviene en los contratos de matrimonio, ordenaría que uno de los asociados administrase los asuntos comunes a fuer de interesado único; que los demás socios tuviesen poderes delegados y que el jefe señalado por disposición general de la ley fuese, por ejemplo, el decano en edad. La ley no ha ordenado nunca cosa semejante, y la experiencia no ha demostrado jamás la necesidad de establecer desigualdad teórica entre los asociados ni de añadir condiciones a las que los asociados consignan voluntariamente y de común acuerdo en los artículos del contrato. Y sin embargo, afirmo que el establecimiento del poder absoluto sería menos peligroso para los derechos e intereses de los inferiores en una sociedad comercial que en el matrimonio, puesto que los asociados son dueños de anular el poder retirándose de la asociación. La mujer carece de esta libertad, y aunque no careciese, le conviene ensayar todos los medios antes de recurrir a ella.

## Capítulo XII. División de derechos y deberes

**¿Conviene que uno de los esposos sea depositario de la autoridad? Estado actual y estado que podría sustituirle. Bufonadas y floreos. Erróneo concepto de que la mujer ha nacido para la abnegación. Cada individuo nace para sí mismo. El cristianismo y la mujer**

Es indudable que los negocios que hay que decidir todos los días, sin plazo ni espera, deben pender de una sola voluntad; que una sola persona debe tratar semejantes cuestiones; pero esto no significa que esta persona sea siempre el varón. Hay un sistema muy natural de arreglo, y es la división del poder entre los dos asociados, que cada cual conserve la dirección absoluta de su parte, y que todo cambio esencial y grave exija el consentimiento de ambos. La división no debe ni puede ser preestablecida por la ley, porque depende de las aptitudes individuales; si los dos cónyuges lo prefieren, pueden establecerla por adelantado en su contrato matrimonial, lo mismo que se arreglan actualmente las cuestiones de dinero. Rara vez habría dificultades en estas medidas tomadas de común acuerdo, a no ser en ciertos casos desgraciados en que todo llega a ser motivo de réplica y de pugna entre los esposos.

A la división de derechos debe seguir naturalmente la división de deberes y funciones, y eso se hace ya por consentimiento mutuo y aparte de la ley, según la costumbre, que el capricho de las personas interesadas puede modificar, y, en efecto, modifica.

La decisión real de los asuntos, cualquiera que sea el depositario de la autoridad, dependerá, como ahora ocurre también, de las aptitudes relativas. Por razón de que el marido es generalmente mayor en edad que la mujer, tendrá casi siempre la preponderancia, por lo menos hasta que lleguen uno y otro a esa época de la vida en que la diferencia de años no tiene importancia ya; y habrá también cierto predominio del cónyuge que suministre los medios de subsistencia. La desigualdad producida por esta causa ya no se derivará entonces de la ley del matrimonio, sino de las condiciones generales de la sociedad humana, según se halla constituida en la actualidad. Una superioridad intelectual debida, bien al conjunto de facultades, bien a especiales conocimientos, y un carácter más resuelto, deberán influir mucho necesariamente. Lo mismo ocurre ahora, este hecho demuestra cuán poco fundado es el temor de que los poderes y responsabilidad de los asociados para la vida, como de los asociados para los negocios, no puedan distribuirse de un modo satisfactorio obrando de común acuerdo. Las partes se entienden siempre en esta distribución, excepto cuando el matrimonio resulta un negocio fallido; en la realidad no se ve nunca todo el poder de un lado y toda la obediencia de otro, a no ser en esas uniones que son efecto de error total, y en las cuales sería una bendición para ambas partes el verse libres de la carga.

Me objetarán que lo que hace posible un arreglo amigable es que una de las partes se reserve el poder de represión y que la otra lo sepa, del mismo modo que nos sometemos a la decisión de un arbitraje, porque tenemos en perspectiva un tribunal de justicia que puede obligarnos a obedecer. Mas para que la analogía fuese completa, sería preciso suponer que la jurisprudencia de los tribunales no consiste en examinar el litigio, sino en dictar sentencia, siempre en favor de la misma parte, del demandado, por ejemplo; entonces, la competencia de estos tribunales daría motivo al demandado para entrar en arreglo por medio de un arbitraje cualquiera; pero no sucedería lo mismo al demandante. El poder despótico que la ley concede al marido puede muy bien ser razón para que consienta la mujer en la división del poder entre ambos, y no para que el marido la acepte. Entre esposos que se conducen bien, hay acuerdo tácito, sin que ninguno de los dos cónyuges se obligue moral o físicamente, lo cual prueba que los motivos naturales que inclinan a la conclusión voluntaria de un arreglo que normalice la vida de los esposos de una manera tolerable para entrambos, prevalecen en definitiva, excepto en casos desesperados ya. Seguramente no mejora la situación porque decida la ley que el edificio de un gobierno libre se eleve sobre la base legal del despotismo ejercido por una parte y la sumisión de la otra, ni estableciendo que toda concesión, hecha por el déspota pueda ser revocada a su gusto, sin cortapisa alguna. Aparte de que una libertad no merece este nombre cuando es tan mezquina, ni sus condiciones tienen probabilidades de ser equitativas cuando la ley pone recio peso en uno de los platillos de la balanza, cuando el convenio estipulado entre dos personas da a una de ellas el derecho de proceder a su gusto y a la otra únicamente el derecho de hacer la voluntad de la primera, con fortísima obligación moral y religiosa de no rebelarse contra ningún exceso de opresión.

Un adversario terco dirá tal vez que los maridos quieren hacer concesiones prudentes sin que se les obligue a ello; en una palabra, mostrarse razonables; pero que las mujeres no lo son; que si se le concediesen a la mujer ciertos derechos, ella no se los reconocería a nadie y no cedería ya en ningún punto, sino compelida a ceder por la autoridad del hombre. Antaño muchas personas se hubiesen expresado así; en el siglo XVIII estaban de moda las sátiras antifeministas, y los hombres creían mostrar gran agudeza satirizando a la mujer, porque es... tal cual el hombre la ha querido y la ha formado. Pero hoy estas chirigotas no merecen contestación. La opinión moderna no es que las mujeres sean menos capaces de buenos sentimientos que los hombres ni que profesen menor consideración a aquellos con quienes están unidas por los más fuertes lazos. Al contrario: los mismos enemigos de los derechos de la mujer son los que más la encomian, dándola por superior al hombre, y esta confesión ha acabado por llegar a ser fastidiosa fórmula de hipocresía, destinada a cubrir la injuria con un floreo ridículo que nos recuerda las alabanzas que, según Gulliver, dedicaba el soberano de Liliput a su propia clemencia real, a la cabeza de sus más sanguinarios decretos.

Si las mujeres valen en algún concepto más que los hombres, es en lo relativo a abnegación en el seno de la familia; pero hasta esto me desplace, pues es fruto de la errónea doctrina inculcada a la mujer, de que ha nacido para la abnegación. Creo que la igualdad quitaría a esta abnegación lo que tiene de exagerado, de exclusivo como base del carácter de la mujer, y que la mejor, la más pura, sentiría la misma inclinación al sacrificio que puede sentir el hombre más excelente, pero que además los hombres serían menos egoístas y más dispuestos al altruismo que hoy, porque no se les enseñaría a adorar su propia voluntad y a ver en ella una cosa tan admirable, que debe servir de ley suprema a otro ser racional —digno también de vivir para sí mismo, como el hombre—. ¡Cuán fácil y tentadora es para el varón la autolatría! Los hombres y las clases privilegiadas han sido así siempre. Cuanto más se desciende en la escala social de la humanidad, más ferviente es este culto, sobre todo en los que ni se elevan ni pueden elevarse sino por cima de una desgraciada mujer y unos débiles niños. De todas las enfermedades humanas, ésta es la más común; la filosofía y la religión, en lugar de combatirla, llegan a fomentarla con mercenaria complacencia; nada se opone a ella sino el sentimiento de igualdad de los seres humanos, que late en el fondo del cristianismo, pero que el cristianismo no logrará sacar a luz y triunfante, mientras sancione instituciones basadas en la soberanía arbitraria de un miembro de la humanidad sobre otro.

## Capítulo XIII. Los enemigos de la igualdad

### Moral antigua y moral nueva. Escuela de igualdad en el hogar doméstico. ¿Qué fue el amor de la libertad entre los antiguos?

Hay, sin duda, hombres y mujeres a quienes no satisfará la igualdad, con quienes no habrá paz ni sosiego mientras no reine su voluntad sin traba alguna. Para esta clase de personas está hecha de molde la ley del divorcio. Nacieron para vivir solas, y a nadie debe obligarse a que asocie su vida con la de tales seres. Y es el caso que la subordinación legal, en vez de suprimir este carácter agresivo y tiránico en el sexo femenino, lo fomenta. Si el hombre ejerce todo el poder, la mujer está aniquilada; pero si al esclavo se le trata con indulgencia, si se le dan alas, no hay modo de sufrirle. La ley no determina sus derechos: no le concede ninguno en principio, y por consecuencia es el abuso, es el capricho sin freno lo que ejercerá.

La igualdad legal entre los casados no es solamente el único modo de que sus relaciones puedan ajustarse a la justicia y al deber labrando su felicidad; no hay otro medio tampoco de hacer de la vida diaria una escuela de educación moral en el sentido más elevado de la frase. Pasarán tal vez muchas generaciones antes que esta verdad sea generalmente admitida; pero la única escuela del verdadero sentimiento moral es la asociación entre iguales. La educación moral de la sociedad se hizo hasta hoy por la ley de la fuerza, y no se ha adoptado sino para las relaciones por la fuerza creadas. En los estados sociales menos adelantados no se conoce casi relación entre iguales: un igual es un enemigo. La sociedad era, de alto a bajo, una larga cadena, o mejor dicho, escala en que cada individuo estaba por cima o por bajo de su vecino más próximo; donde no mandaba, tenía que obedecer. Todos los preceptos morales hoy en uso, se refieren principalmente a la relación de señor a siervo. Sin embargo, el mando y la obediencia no son sino necesidades funestas de la vida humana: el estado normal y bello de la sociedad es la igualdad.

Ya en la vida moderna, y cada vez más a medida que avanzamos por el camino del progreso, el mando y la obediencia llegan a ser hechos excepcionales; lo común es la asociación basada en la igualdad. La moral de los primeros siglos descansaba en la obligación de someterse a la fuerza; más tarde descansó sobre el derecho del débil a la protección y a la tolerancia del fuerte. ¿Hasta cuándo una forma social se avendrá a la moral formada para otra? Hemos tenido la moral de la servidumbre, hemos tenido la moral de la caballería y de la generosidad; ha llegado la hora de la moral de la justicia. Doquiera, en los tiempos primitivos, ha marchado la sociedad hacia la igualdad; la justicia afirmó sus derechos sirviendo de base a la virtud. Ved las repúblicas libres de la antigüedad. Pero nótese que, aun en las más perfectas, la igualdad no se extendía sino a los ciudadanos libres; los esclavos, las mujeres, los que no estaban investidos del derecho de ciudadanía, marchaban regidos por la ley de la fuerza. La doble influencia de la civilización romana y del cristianismo borró esas distinciones, y en teoría, ya que no completamente en la práctica, proclamó que los derechos naturales del ser humano son superiores a los derechos del sexo y de la posición social. Las barreras que empezaban a desaparecer se alzaron nuevamente por la invasión de los bárbaros, y toda la historia moderna no es sino una serie de esfuerzos para romperlas. Entramos en un período en que la justicia será de nuevo la primera virtud, fundada, como en otro tiempo, sobre la asociación de personas iguales, pero también, en lo sucesivo, sobre la asociación de personas iguales unidas por la simpatía; asociación que no tendrá ya origen en el instinto de conservación personal, sino en una simpatía reconocida de que nadie quedará excluido, sino en que cabrá todo el mundo sobre la base de la igualdad. Siempre ocurre que la humanidad no prevé sus propios cambios, no nota que sus sentimientos se derivan del pasado, y no del porvenir. Ver el porvenir ha sido siempre privilegio del hombre superior, o de sus adeptos; sentir como las gentes futuras, es la gloria y el tormento de un corto número de escogidos. Las instituciones, los libros, la educación, la sociedad, todo prepara a los hombres para el antiguo régimen mucho tiempo después de alborear el nuevo; con más razón cuando aún está por venir.

La gran virtud de los seres humanos racionales y nobles es la aptitud para vivir juntos como iguales, sin reclamar para sí nada más de lo que libremente se otorga a otro; para considerar el mando, cualquiera que sea, como necesidad excepcional, y en todo caso como necesidad temporal; para preferir en lo posible la sociedad de sus iguales en derechos y señorío. En la vida tal como está constituida hoy, no se cultivan estas virtudes ejercitándolas. La familia es una escuela de despotismo donde las virtudes del sistema absoluto y también sus vicios hallan alimento abundante. La vida política en los países libres parece una escuela en que se aprende igualdad, pero la vida política no llena más que un pequeño hueco en el vivir moderno; no penetra en las costumbres y no alcanza a los sentimientos más íntimos. La familia constituida sobre bases justas sería la verdadera escuela para las virtudes propias de la libertad.

Ciertamente no es esta teoría que expongo la clásica y ortodoxa. La familia será siempre escuela de obediencia para los hijos y de mando para los padres. Solicito que además sea una escuela de simpatía en la igualdad, de vida en común en el amor, en que no esté todo el poder de un lado y toda la obediencia de otro; así debe ser la familia para los padres. Se aprenderían entonces en ella las virtudes necesarias en las demás asociaciones; los hijos encontrarían un modelo de los sentimientos y conducta que deben llegar a serles naturales y habituales y que se trata de inculcarles por la sumisión que se les exige durante el período educativo. La educación moral no se adaptará nunca a las condiciones de un género de vida, en que todo progreso no es más que una preparación mientras no se obedezca en la familia a la misma ley que regula la constitución moral de la sociedad humana. El sentimiento de la libertad, tal cual puede existir en un hombre que basa sus afectos más vivos en seres de quienes es amo absoluto, no es el amor verdadero o el amor cristiano de la libertad, es el amor de la libertad como existía generalmente entre los antiguos y en la Edad Media; un sentimiento intenso de la dignidad y la importancia de su personalidad propia, que hace encontrar degradante para sí mismo un yugo, que ni inspira horror ni desagrada imponer a los demás por egoísta interés o por satisfacción vanidosa.

## Capítulo XIV. Por qué mejoran las leyes

**Personas buenas en la práctica e indiferentes a los principios. San Pablo y la obediencia de la mujer. Sentido de las palabras del Apóstol. Los estacionarios. Ley del embudo**

Estoy dispuesto a admitir, y en eso fundo mis esperanzas, que muchas personas unidas conyugalmente bajo la ley actual —probablemente la mayoría de las clases superiores—, viven según el espíritu de una ley de igualdad y justicia. Las leyes nunca mejorarían si no hubiese personas de sentimientos morales más altos que las leyes existentes: esas personas deberían sostener los principios que yo defiendo aquí, y que tienen por único objeto conseguir que todas las parejas se les asemejen. Pero el hombre de gran valor moral, si no le acompaña un espíritu filosófico, no deja de creer que las leyes y costumbres que personalmente no le han molestado, no producen ningún mal, que hasta quizá engendran el bien, cuando obtienen la aprobación general, en apariencia, y que están en un error los que formulan protestas y objeciones. Esta clase de personas buenas y poco discursivas, no piensa ni una vez al año en las condiciones legales del lazo que las une; vive y siente como si fuesen iguales ante la ley, y acaso sueñan que pasa lo mismo en todas las uniones, si el marido no es un miserable rematado. Lo cual prueba tanto desconocimiento de la naturaleza humana, como de la realidad de la vida. Cuanto menos sirve un hombre para la posesión del poder; cuantas menos probabilidades tiene de que se le autorice para ejercerlo sobre una persona con su consentimiento voluntario, tanto más se felicita del poder que la ley le regala, tanto más ejerce sus derechos legales con todo el rigor que permite la costumbre (costumbre de sus semejantes), y tanto más goza en emplear su dominio, en avivar el agradable sentimiento de poseerle. Sobre todo, en esa parte de las clases inferiores donde la brutalidad originaria se ha conservado mejor y corre más desprovista de nociones morales, la esclavitud moral de la mujer y su obediencia pasiva a la voluntad del marido inspira, a éste una especie de desprecio, que no siente hacia otra mujer, ni hacia ninguna otra persona, y que le lleva a tratar a su esclava como a objeto nacido para sufrir toda especie de indignidades. Que nos contradiga un hombre capaz de observar bien y a quien no falten ocasiones de hacer esa observación; pero si ve las cosas como nosotros, que no se asombre de la repugnancia e indignación que nos inspiran instituciones que llevan al hombre a ese grado de depravación profunda.

Tal vez me dirán que la religión impone a la mujer el deber de la obediencia. Cuando una cosa es manifiestamente tan mala que nada la puede justificar, salen por el registro de que la impone la religión. Verdad que la Iglesia prescribe la obediencia en sus formularios; pero mal se aviene esta prescripción con las doctrinas fundamentales del cristianismo. Nos cuentan que San Pablo dijo: «Mujeres, sed sumisas a vuestros maridos.» También dijo a los esclavos: «Obedeced a vuestros amos.» El propósito de San Pablo no era incitar a la rebelión contra las leyes vigentes: instigaciones de tal naturaleza no convenían a la propagación del cristianismo. Porque el Apóstol aceptase las instituciones sociales como las encontraba, no hay que deducir que desaprobase los esfuerzos que se pudiesen realizar en tiempo útil para mejorarlas. No sería lícito decir tampoco que al declarar que «todo poder viene de Dios», sancionase el Apóstol el despotismo militar, ni que reconociese esta forma de gobierno como cristiana y nos impusiese la obediencia absoluta. Pretender que el cristianismo tenía por objeto estereotipar todas las formas de gobierno y de sociedad existentes entonces, es ponerle al nivel del islamismo o del brahmanismo. Precisamente porque el cristianismo no las estereotipaba, han sido los cristianos la parte progresiva de la humanidad, y el islamismo, el brahmanismo y las religiones análogas, las de la parte estacionaria, o, mejor dicho, de la parte retrógrada, puesto que no hay sociedad estacionaria realmente. En todas las épocas del cristianismo existieron gentes empeñadas en hacer de él algo que se parezca a esas religiones inmóviles, y de los cristianos algo así como musulmanes con Biblia; esas gentes han tenido gran poder, y muchos hombres se han visto precisados a sacrificar su vida para resistirles; pero se les ha resistido, y esa resistencia nos hizo cual hoy somos y nos hará cual debemos ser andando el tiempo.

Después de lo dicho acerca de la obligación de obedecer, es superfluo añadir nada respecto al punto secundario de esta gran cuestión: el derecho de la mujer a disponer de sus bienes. No tengo esperanzas de que este escrito cause impresión alguna sobre las personas a quienes sería preciso demostrar que los bienes que la mujer hereda o que son fruto de su trabajo, deben pertenecerle después del matrimonio, como le hubiesen pertenecido antes. La regla es muy sencilla: todo lo que pertenecería al marido o a la mujer, si no se hubiesen casado, quedará bajo su exclusiva dirección durante el matrimonio, lo cual no les impide unirse por medio de un pacto, a fin de conservar sus bienes para sus hijos. Hay personas cuyos sentimientos se sublevan ante el pensamiento de la separación de bienes, como negación de la idea del matrimonio, o sea la fusión de dos vidas en una. Por mi parte, abogo tan enérgicamente como cualquiera por la comunidad de bienes, cuando es fruto de entera unidad de sentimientos de los copropietarios, que hace que entre ellos todo sea común. Pero no gusto de la doctrina expresada en la redondilla siguiente:

«No tendremos desafío
Por eso, niña de Dios.
Bien está: lo mío, mío,
Y lo tuyo... de los dos.»

Ni en provecho propio aceptaría trato semejante.

## Capítulo XV. Los bienes patrimoniales de la mujer

### Organización probable del matrimonio venidero. Aunque se abran a la mujer todos los caminos honrosos, probablemente elegirá más a menudo el de la familia

La injusticia de este género de opresión que pesa sobre las mujeres está generalmente reconocida; se puede remediar sin tocar para nada los demás aspectos de la cuestión, y no hay duda que será la primera que se borre. Ya en muchos Estados nuevos, y en varios de los antiguos Estados de la Confederación americana, figuran, no solo en el Código, sino en la Constitución, leyes que aseguran a las mujeres los mismos derechos que a los hombres desde este punto de vista, y mejoran en el matrimonio la situación de las mujeres que poseen bienes, dejando a disposición de la esposa un poderoso instrumento, de que no se desprende al casarse. Impídese de este modo que por un escandaloso abuso matrimonial se apodere un caballerito de los bienes de una joven, persuadiéndola a que se case sin contrato previo. Cuando el sostenimiento de la familia descansa, no sobre la propiedad, sino sobre lo que se gana trabajando, me parece que la división más conveniente del trabajo entre los dos esposos es aquella usual en que el hombre gana el sustento y la mujer dirige la marcha del hogar. Si al trabajo físico de dar hijos, con toda la responsabilidad de los cuidados que exigen y la de su educación en sus primeros años, añade la mujer el deber de aplicar con atención y economía al bienestar de la familia las ganancias del marido, ya toma sobre sí buena parte, de ordinario la más pesada, de los trabajos corporales y espirituales que pide la unión conyugal. Si asume otras cargas, rara vez las abandona, pero se pone en la imposibilidad de cumplirlas bien. En el cuidado de los hijos y de la casa nadie la sustituye; los hijos que no mueren crecen abandonados, y la dirección de la casa va tan mal, que su descuido puede traer pérdidas mayores que las ganancias granjeadas a cuenta del desbarajuste doméstico.

No es de desear, pues, según entiendo, que en una justa división de cargos contribuya la mujer con su trabajo a sostener la familia. En el actual injusto estado de cosas puede serla útil, porque la realza a los ojos del hombre, su dueño legal; pero, por otra parte, eso permite al marido mayor abuso del poder, obligándola al trabajo y dejándola el cuidado de remediar con su esfuerzo las necesidades de la familia, mientras él pasa el tiempo bebiendo y sin hacer nada. Es esencial para la dignidad de la mujer que sepa ganarlo, si no disfruta propiedad independiente, aunque nunca haya de hacer uso de su derecho a la ganancia. Pero si el matrimonio fuese un contrato equitativo, que no implicase la obligación de la obediencia; si la unión dejase de ser forzada y de oprimir y de ser para la esposa esclavitud más o menos encubierta; si una separación equitativa (ahora no aludo sino al divorcio) pudiese obtenerla toda mujer que tuviese derecho a solicitarla, y si esta mujer hallase entonces expeditos caminos tan honrosos como un hombre, no necesitaría para encontrar protección, durante su matrimonio, hacer uso de tales medios.

Del mismo modo que un hombre elige su profesión, se puede presumir que una mujer, cuando se casa, elige la dirección de un hogar y la educación de una familia como fin principal de sus esfuerzos durante los años de vida necesarios para el cumplimiento de esta tarea, y que renuncia, no a otra ocupación, sino a todas las que no sean compatibles con las exigencias de la principal. Esta es la razón que prohíbe a la mayoría de las mujeres casadas el ejercicio habitual o sistemático de toda ocupación que las llame fuera del hogar, o que no pueda cumplirse dentro de él. Pero es preciso que las reglas generales cedan libremente el paso a las aptitudes especiales, y nada debe oponerse a que las mujeres dotadas de facultades excepcionales y propias para cierto género de ocupación obedezcan a su vocación, no obstante el matrimonio, siempre que eviten las alteraciones que podrían producirse en el cumplimiento de sus funciones habituales de amas de casa. Si la opinión viese claramente los términos de este problema, no habría ningún inconveniente en dejarla regular sus varias y discretas soluciones, sin que la ley tuviese que intervenir.

Creo que no me costaría gran trabajo persuadir a los que me han seguido en la cuestión de la igualdad de la mujer y el hombre en el seno de la familia, de que este principio de completa igualdad trae consigo otra consecuencia, la admisión de las mujeres a las funciones y ocupaciones que hasta aquí han sido privilegio exclusivo del sexo fuerte; pues entiendo que si se las considera incapaces para esas ocupaciones, es con el fin de mantenerlas en el mismo estado de subordinación en la familia, porque los hombres no pueden resignarse aún a vivir entre iguales. No siendo por esto, creo que casi todo el mundo, en el estado actual de la opinión en materias políticas y económicas, reconocería lo injusto de excluir a la mitad de la raza humana del mayor número de ocupaciones lucrativas y de casi toda elevada posición, y decretar, o que por el hecho de su nacimiento las mujeres no son ni pueden llegar a ser capaces de desempeñar cargos legalmente accesibles a los miembros más estúpidos y más viles del otro sexo, o que, a pesar de su aptitud, les estarán vedados esos cargos y reservados exclusivamente a los varones.

En los siglos XVI y XVII apenas se pensaba en invocar otra razón que el hecho mismo para justificar la incapacidad legal de las mujeres, y no se atribuía a inferioridad de inteligencia, en que nadie realmente creía; las luchas de la vida pública ponían a prueba la capacidad de las gentes, y las mujeres no se eximían enteramente de tomar parte en tales luchas. La razón que alegaban entonces, no era la ineptitud de las mujeres, sino el interés de la sociedad, es decir, el interés de los hombres; del mismo modo que la frase razón de Estado, significaba la conveniencia del gobierno y la defensa de la autoridad constituida, y bastaba para explicar y excusar los más horribles crímenes. En nuestros días, el poder usa un lenguaje más insidioso, y cuando oprime a cualquiera, alega siempre que es para hacerle bien. En virtud de este cambio, cuando se prohíbe algo a las mujeres, se empieza por decir con antipático tartufismo que al aspirar a esos puestos se salen del verdadero camino de la felicidad. Para que esta razón fuese plausible (no digo buena), sería preciso que quien la propala tuviese valor para emprender el camino de la experiencia, como hasta el día no lo emprendió nadie. No basta sostener que las mujeres son, por término medio, inferiores a los hombres en lo que se refiere a las más altas facultades mentales, o que hay menos mujeres propias para desempeñar funciones que exigen gran inteligencia. Es preciso sostener en absoluto que ninguna mujer es propia para tales funciones, y que las más eminentes son inferiores en mérito intelectual al hombre más zote, a quien estas funciones se confían hoy; porque si la función se ganase por concurso o por vía electoral, con todas las garantías capaces de servir de salvaguardia al interés público, no habría que temer que ningún empleo importante cayese en manos de mujeres inferiores al tipo mediano viril o a la medianía de sus competidores del sexo masculino. Lo más que podría suceder, es que hubiese menos mujeres que hombres ejerciendo tales cargos, lo cual ocurriría siempre, porque la mayoría de las mujeres preferirían probablemente la única función que nadie puede disputarles.

**Capítulo XVI. Las mujeres han revelado la misma aptitud que el hombre para los cargos públicos**

**Perjuicios que se irrogan a la sociedad con esterilizar el talento de la mujer. Los límites de la acción femenina los ha de señalar su ejercicio práctico. Altas dotes de gobierno de la mujer, probadas por la experiencia**

Por otra parte, el detractor más apasionado de la mujer no se atreverá a negar que, si a la experiencia del presente añadimos la del pasado, las mujeres, y no en corto número, sino en gran cantidad, se han mostrado capaces de hacer tal vez, sin excepción alguna, lo que hacen los hombres, y hacerlo con éxito y gloria. A lo sumo, podrá decirse que hay empresas en que no han logrado tanto éxito como ciertos hombres; que en otras no han obtenido el primer puesto; pero en pocas que dependan de las facultades intelectuales han dejado de alcanzar el segundo. ¿No es bastante, no es sobrado para probar que supone tiranía contra la mujer y perjuicio para la sociedad el no consentirla entrar en concurso con los hombres en el ejercicio de las funciones sociales, intelectuales y políticas? ¿No nos consta que mil veces las desempeñan hombres mucho menos aptos que las mujeres que les vencerían en cualquier equitativo concurso? ¿Hay tal sobra de hombres aptos para las altas funciones, que tenga derecho la sociedad a despreciar los servicios de una persona competente? ¿Estamos tan ciertos de tener siempre a mano un varón ilustre para toda función social importante que pueda vacar, que no perdamos nada con declarar incapaz a medio género humano, rehusando a priori tomar en cuenta sus facultades, su talento y sus méritos? Aun cuando pudiésemos prescindir de esta suma de facultades, ¿cómo conciliar la justicia con la negación de la parte de honor y distinciones que les pueda caber y del derecho moral de todo ser humano a escoger sus ocupaciones (excepto las que ceden en perjuicio de otros), según sus propias preferencias y por cuenta propia?

Y no para aquí la injusticia, pues daña también a los que podrían aprovecharse de los servicios de esas mujeres hoy incapacitadas. Estatuir que determinadas personas estén excluidas de la profesión médica, del foro o del Parlamento, es, no solo lesionar a esas personas, sino a cuantas quisiesen utilizar sus servicios médicos, forenses o parlamentarios; es suprimir, en detrimento suyo, la influencia que un número mayor de concurrentes ejercería sobre los competidores; es restringir el campo de su elección y la libertad de su iniciativa.

Me limitaré, en los detalles de mi tesis, a las funciones públicas, y creo que bastará; pues si logro probar mi tesis en este punto, se me concederá fácilmente que las mujeres deberían ser admitidas a las demás ocupaciones. Empezaré por una función muy diferente de todas, en la que no se las puede disputar su ejercicio alegando ninguna excepción basada en la fisiología. Quiero hablar del derecho electoral, así en el Parlamento como en los Cuerpos provinciales y municipales. El derecho a tomar parte en la elección de los que han de recibir mandato público, es distinto del derecho de concurrir a la obtención del mandato. Si no pudiésemos votar a un candidato para el Parlamento sino a condición de tener las mismas cualidades que debe reunir el candidato, el gobierno sería una oligarquía muy restringida. La posesión de votos para la elección de la persona que ha de gobernarnos, es un arma de protección en manos quien carece de condiciones para ejercer la función gubernamental.

Hay que suponer que las mujeres son aptas para esta elección, puesto que la ley les concede derecho electoral en el caso más grave para ellas. La ley permite a la mujer que escoja el hombre que debe gobernarla hasta el fin de su vida, y siempre supone que esta elección se ha hecho voluntariamente. En casos de elección para los cargos públicos, toca a la ley rodear el ejercicio del derecho del sufragio de todas las garantías y restricciones necesarias; pero cualesquiera que sean las precauciones que se tomen con los hombres, no se precisa tomar más con las mujeres. Cualesquiera que sean las condiciones y restricciones impuestas al hombre para admitirle a tomar parte en el sufragio, no hay ni sombra de razón para no admitir a la mujer bajo las mismas condiciones. Probablemente la mayoría de las mujeres de una clase compartiría las opiniones de la mayoría de los hombres de esta clase misma, a menos que la cuestión se refiriese a los intereses de su sexo, en cuyo caso el derecho de sufragio vendría a ser para las mujeres única garantía de que sus reclamaciones se examinasen con equidad. Esto lo creo evidente aun para los que no comparten las demás opiniones que yo defiendo. Aun cuando todas las mujeres fuesen esposas; aun cuando todas las esposas debieran ser esclavas, paréceme doblemente necesario conceder a esas esclavas protección legal, porque ya sabemos la protección que los esclavos pueden esperar cuando por sus amos están hechas las leyes.

En cuanto a la aptitud de las mujeres, no solo para tomar parte en las elecciones, sino para ejercer funciones públicas o profesiones que lleven consigo pública responsabilidad, ya he advertido que esta consideración nada importa en el fondo a la cuestión práctica que discutimos. En efecto, toda mujer que sale adelante en la profesión que se le ha permitido abrazar, prueba, ipso facto, que es capaz de desempeñarla. En cuanto a los cargos públicos, si el régimen político del país está constituido de manera que excluya al hombre incapaz, excluirá también a la mujer incapaz; y si no es así, el mal no aumenta ni disminuye porque el funcionario incapaz sea una mujer en vez de un hombre. Desde que reconocemos en algunas mujeres, por pocas que sean, capacidad para llenar tales cargos, las leyes que se los vedan no pueden justificarse con apreciaciones severas de las aptitudes de la mujer en general. Pero si esta consideración no toca a lo esencial de la cuestión, no por eso niego su valor; examinada sin prejuicios, da nueva fuerza al argumento contra la incapacidad de la mujer, y le presta el apoyo de altas razones de utilidad pública.

Eliminemos desde luego toda consideración psicológica que tire a probar que las supuestas diferencias mentales entre el hombre y la mujer no son sino efecto natural de diferencias de educación, y, lejos de indicar una inferioridad radical, prueban que en su naturaleza no existe ninguna fundamental diferencia. Veamos las mujeres como son o como consta que han sido, y juzguemos la aptitud que han revelado ya en graves asuntos. Es evidente que, hoy, pueden seguir haciendo lo que ya hicieron (no me parece que me extralimito). Si consideramos cuán esmeradamente las desvía su educación de los objetos y ocupaciones reservadas a los hombres, en lugar de prepararlas, como a ellos se les prepara, a la función pública, se verá que no me muestro muy exigente, cuando me contento con tomar por base lo que las mujeres han llegado a conseguir en realidad. Una prueba negativa, en el caso presente, no tiene más que insignificante valor, mientras la más leve prueba positiva no admite réplica. No cabe deducir que ninguna mujer podrá jamás ser un Homero, un Aristóteles, un Miguel Ángel o un Beethoven, por la razón de que ninguna mujer haya producido hasta el día obras maestras comparables a las de esos poderosos genios, en los géneros en que brillaron. Este hecho negativo deja la cuestión indecisa y la entrega a las discusiones psicológicas. Pero es cierto, es indudable que la mujer ha podido ser una reina Isabel, una Débora o una Juana de Arco; esos son hechos, no raciocinios. Por lo demás, es curioso que las únicas cosas que la ley actual veda a la mujer sean las mismas de que se ha mostrado capaz. Ninguna ley prohíbe a las mujeres escribir dramas como Shakespeare ni óperas como Mozart; pero la reina Isabel y la reina Victoria, si no hubiesen heredado el trono, no hubiesen podido ejercer la más ínfima función política, y ya sabemos la talla política que la primera de estas dos reinas alcanzó.

Si la experiencia prueba algo, fuera de todo análisis psicológico, es que aquello de que las mujeres están excluidas es justamente para lo que mas sirven, puesto que su vocación para el gobierno se ha probado y ha brillado en las circunstancias singulares en que pudieron demostrarla, mientras en los caminos gloriosos que, al parecer, les estaban abiertos, no han obtenido tanta prez. La historia inscribe en sus anales corto número de reinas en comparación con el de reyes; y aun dentro de este corto número, la proporción de las mujeres que han mostrado genio para gobernar es mucho mayor que el del hombre, aun cuando muchas reinas han ocupado el trono en circunstancias bien difíciles. Es preciso notar que también han solido distinguirse por mostrar las cualidades más opuestas al carácter peculiar y convencional que se atribuye a su sexo, luciéndose tanto por la firmeza y vigor en regir el Estado como por su inteligencia y diplomacia. Si a las reinas y emperatrices sumamos las regentes y las gobernadoras de provincias, la lista de las mujeres que brillantemente han gobernado a los hombres resulta muy larga.[1]

---

1   Esta observación es más firme si la extendemos al Asia lo mismo que a Europa. Cuando un principado de la India está gobernado con vigor, vigilancia y economía; cuando sin opresión florece el orden; cuando el cultivo de las tierras es más extenso y el pueblo más feliz, de cuatro veces tres es porque reina allí una mujer. Este hecho que yo no acertaba a sospechar, me ha sido revelado por una larga práctica de los negocios de la India; podría citar varios ejemplos, pues si bien las instituciones indias excluyen a las mujeres del trono, les conceden la regencia durante la minoría del heredero; y las minorías son frecuentes en un país donde los príncipes mueren prematuramente víctimas de la ociosidad y la corrup-

## Capítulo XVII. Los favoritos y las favoritas

## ¿Qué aptitudes especiales tienen las madres, esposas y hermanas de los reyes, que no tienen las de los súbditos? Atrofia de las facultades de la mujer

Este hecho es tan indiscutible, que para refutar los argumentos hostiles al principio establecido se recurre a un insulto nuevo, diciendo que si las reinas valen más que los reyes, es porque en tiempo de los reyes las mujeres son las que gobiernan, mientras en tiempo de las reinas gobiernan los hombres.

Es perder tiempo argumentar contra una bufonada insulsa; pero cierta clase de razones causa impresión en la gente irreflexiva, y he oído citar esta broma a personas que parecían encontrar en ella algo serio y muy profundo. De todos modos, la supuesta gracia me servirá también de punto de partida en la discusión. Niego, por lo pronto, que en tiempo de los reyes gobiernen las mujeres. Los ejemplos, si hubiese alguno, son del todo excepcionales; y si los reyes débiles han gobernado mal, tan frecuente es que haya sucedido por influencia de sus favoritos como por la de sus favoritas. Cuando una mujer guía a un rey mediante el amor, no hay que esperar buen gobierno, aunque existan algunas excepciones. En desquite, vemos en la historia de Francia dos reyes que entregaron voluntariamente la dirección de los negocios, durante muchos años, el uno a su madre, el otro a su hermana: este último, Carlos VIII, era un niño, pero se ajustaba a las intenciones de su padre Luis XI; el otro, Luis IX, era el rey mejor y más enérgico que ocupó el trono desde Carlo-Magno. Ambas princesas gobernaron de tal modo, que ningún príncipe las aventajó.

El emperador Carlos V, el soberano más hábil de su siglo, que tuvo a su servicio mayor número de hombres de talento que ningún príncipe, y que era muy poco dado a sacrificar intereses a sentimientos, confió, durante toda su vida, el gobierno de los Países Bajos, sucesivamente, a dos princesas de

---

ción. Si reflexionamos en que estas princesas no han aparecido jamás en público; que no han hablado jamás con hombre que no sea de su familia, a no ser ocultas por una cortina; que no leen, y que si leyesen no encontrarían en su idioma libro capaz de darles la más leve noción de los asuntos públicos, nos convenceremos plenamente de que las regentes indianas ofrecen un ejemplo acabado de la aptitud natural de las mujeres para el gobierno.

su familia (después las reemplazó otra tercera), y la primera, Margarita de Austria, pasa por uno de los mejores políticos de la época. Basta con esto para el primer punto de la cuestión; pasemos al otro.

Cuando dicen que en tiempo de las reinas gobiernan los hombres, ¿trátase de indicar lo mismo que cuando se acusa a los reyes de dejarse guiar por las mujeres? ¿Se insinúa que las reinas escogen para instrumento de gobernación a los hombres que asocian a sus placeres? No es muy frecuente el caso, ni en tiempo de las princesas menos timoratas y más sensuales, como Catalina II, por ejemplo; y cuando esto ocurre, no veo ni rastros de ese buen gobierno atribuido a la influencia de los hombres. Si bajo el reinado de una mujer la administración está confiada a hombres superiores, a la mayoría de los que eligen los reyes, preciso es que las reinas tengan más aptitud para escogerlos que los reyes, y que sirvan más que los hombres, no solo para el trono, sino también para llenar las funciones de primer ministro; porque el principal oficio del primer ministro no es el de gobernar en persona, sino encontrar los sujetos más hábiles para regir las distintas secciones de los negocios públicos. Es verdad que generalmente las mujeres gozan fama de conocer más pronto que los hombres los caracteres y las cualidades morales de un individuo, y que esta ventaja debe hacerlas más a propósito para la elección de auxiliares, negocio importantísimo al que ha de gobernar. La inmoral Catalina de Médicis supo apreciar el valor del canciller L'Hopital. Pero también es verdad que las mayores reinas lo han sido por su propio talento, y de él sacaron éxito y honor.

Han tenido en sus manos la dirección suprema de los negocios, y escuchando a buenos consejeros, dieron la mejor prueba de que su juicio las hacía aptas para tratar las supremas cuestiones de gobierno. ¿Es racional pensar que quien puede desempeñar las funciones más importantes en el orden político sea incapaz para otras más insignificantes? ¿Hay razón natural para que las mujeres y hermanas de los príncipes sean tan capaces como éstos para sus asuntos, mientras las esposas y hermanas de los hombres de Estado, administradores, directores de compañías y jefes de establecimientos públicos nacen incapaces para hacer lo mismo que sus maridos y hermanos? La razón salta a la vista: las princesas están muy por cima de la generalidad de los hombres, a quienes se hallan sometidas por su sexo, y no se ha creído nunca que careciesen de misión para ocuparse en política; al contrario, se las reconoce el derecho de tomarse interés en todos los problemas que se agitan a su alrededor, y consagrar a aquello que puede afectarlas directamente el celo generoso que naturalmente sienten todos los humanos. Las damas de las familias reinantes son las únicas a quienes se reconoce derecho a compartir los intereses y la libertad de los hombres: para las damas de familia reinante no hay inferioridad de sexo. En todas partes, y según se ha puesto a prueba la capacidad de las mujeres para el gobierno, las veremos a la altura de su cargo, reinando con tanta dignidad y fortuna como el hombre.

## Capítulo XVIII. Aptitud especial de la mujer para la vida práctica

**La mujer es autodidacta: se educa a sí propia. Huye de las abstracciones y busca las realidades. Todo pensador gana mucho al comunicar sus ideas con una mujer de claro entendimiento**

Este hecho confirma las enseñanzas que deducimos de la experiencia, incompletísima hoy por hoy, de las tendencias especiales y aptitudes características de la mujer, tal cual se han manifestado hasta el día. Y no digo tal cual se mostrarán en lo sucesivo, porque lo he declarado más de una vez; creo absolutamente imposible que al presente decidamos lo que las mujeres son o no son, y lo que pueden llegar a ser, dadas sus aptitudes naturales; pues en vez de dejarlas desarrollar espontáneamente su actividad, las hemos mantenido hasta la fecha en un estado tan opuesto a lo que la naturaleza dicta, que han debido de sufrir modificaciones artificiales, y, digámoslo así, jorobarse moralmente. Nadie puede afirmar que, si se hubiese permitido a la mujer como se permite al hombre abrirse camino; si no se la pusiesen más cortapisas que las inherentes a las condiciones y límites de la vida humana, límites a que han de sujetarse ambos sexos, hubiese habido diferencia esencial o siquiera accidental entre el carácter y las aptitudes de los dos. Me ofrezco a demostrar que, de las diferencias actuales, las más salientes, las menos discutibles, pueden atribuirse a las circunstancias, y de ningún modo inferioridad o diversidad de condiciones.

Pero si aceptamos la mujer tal cual la experiencia nos la ofrece, bien podemos afirmar con harto fundamento, y apoyándonos en la observación diaria, que sus aptitudes generales la llevan a dominar las cuestiones del orden práctico. El estudio de la historia de la mujer en el presente o en el pasado, confirma y corrobora lo que vemos a cada instante en nuestra casa y en la ajena. Consideremos las facultades intelectuales que suelen caracterizar a las mujeres de gran talento: son facultades propias para la práctica, y en la práctica se cifran. He oído decir que la mujer posee facultad de intuición. Y eso, ¿qué significa? Sin duda la intuición representa un golpe de vista rápido y exacto, relativo a un hecho inmediato. Esta cualidad no tiene nada que ver con el don de comprender los principios generales. Por la intuición no llega nadie a sorprender una ley de la naturaleza ni a conocer una regla general de deber o de prudencia y virtud. Para esto último hay que apreciar despacio y con esmero varios datos experimentales, y luego compararlos, y ni las mujeres ni los hombres de rápida intuición brillan generalmente en esta tarea, a menos que la experiencia necesaria sea de tal naturaleza que puedan adquirirla de cosecha propia, deduciéndola de su misma vida y hechos. Lo que llamamos su sagacidad intuitiva, es una cualidad que los hace maravillosamente aptos para recoger las verdades generales, si están al alcance de su personal observación. Cuando, por casualidad, la mujer se asimila, lo mismo que el hombre, los frutos de la ajena experiencia en virtud de lecturas o instrucción (no me sirvo sin misterio de la palabra casualidad, porque las únicas mujeres adornadas con los conocimientos propios para generalizar ideas, son las que se han instruido a sí mismas, las autodidactas), queda mejor pertrechada que la mayoría de los hombres con los instrumentos defensivos que preparan el éxito en el terreno práctico. Los hombres de gran cultura están expuestos a no comprender el hecho que ven y tocan, y a no interpretarlo tal cual es en realidad, sino con arreglo a prejuicios de educación clásica. Rara vez yerran así mujeres de cierta capacidad. Su facultad intuitiva las preserva de errores.

Con la misma dosis de experiencia y las mismas facultades generales, una mujer ve de ordinario más claro y caza más largo que el hombre, en cuestiones de práctica y de hechos. Y este sentido de lo presente, de lo inmediato, es la principal cualidad que determina la aptitud para la vida práctica, en el sentido en que suele considerarse opuesta a la teoría. El descubrimiento de principios generales pertenece a la facultad especulativa; el descubrimiento y determinación de los casos particulares en que estos principios son o no son aplicables, está sometido a la facultad práctica; y las mujeres, tal cual se muestran hoy, lucen en este respecto singular aptitud. Reconozco que no puede haber verdadera vida práctica sin principios, y que la importancia predominante de la rapidez en observar, característica de la mujer, la hace extraordinariamente apta para construir generalizaciones prematuras sobre el cimiento de su observación personal, si bien la mujer rectifica pronto, a medida que su observación se va haciendo más amplia y más extensa. El defecto se corregirá de suyo cuando la mujer tenga libre acceso a la experiencia de la humanidad, a la ciencia, al estudio, a la alta cultura. La educación ha de abrirles tan hermoso horizonte. Los errores de la mujer son muy análogos a los del hombre inteligente que se ha instruido a sí mismo, y que suele verlo que los hombres educados en la rutina no ven, pero también suelen equivocarse por ignorancia en cosas muy familiares para la gente estudiosa y docta. Este mismo hombre, aunque poco instruido, ya posee gran parte de los conocimientos acumulados por el género humano, y sin los cuales a nada se llega; pero lo que sabe de ellos lo ha sorprendido a salto de mata, de un modo fragmentario, como las mujeres.

Si esta afición del entendimiento de la mujer al hecho real, presente, actual, puede en sí misma, y aun extrínsecamente, dar origen a errores, es también el remedio más útil contra el error que podemos llamar especulativo. La aberración principal de los entendimientos especulativos, la que mejor les caracteriza, es precisamente la carencia de esta percepción viva y presente siempre del hecho objetivo; y por esta deficiencia están expuestos, no solo a no hacer caso de la contradicción que los hechos exteriores pueden oponer a sus teorías, sino a perder totalmente de vista el fin legítimo de la especulación y a dejar que sus facultades se vayan por los cerros de Úbeda, cerniéndose en regiones que no pueblan seres reales, animados o inanimados, ni siquiera idealizados, sino sombras creadas por ilusiones de la metafísica o por el puro embolismo de las palabras (flatus vocis) que nos quieren presentar los ideólogos como objeto real de la más alta y trascendental filosofía.

Para un hombre de teoría o de especulación que se dedica, no a reunir materiales para la observación, sino a manejarlos por medio de operaciones intelectuales y a extraer de ellos leves científicas o reglas generales de conducta, nada más útil que llevar adelante sus especulaciones con el auxilio y bajo la censura de una mujer realmente superior. Nada tan provechoso para mantener el pensamiento en el límite que le señalan los hechos y la naturaleza. Pocas veces se dejará extraviar una mujer por las abstracciones. La tendencia habitual de su espíritu es ocuparse de cada cosa aisladamente, mejor que por grupos de ideas, y hay otra cosa relacionada con esta tendencia: su vivo interés por los sentimientos ajenos, que la lleva a considerar siempre en primer término el lado práctico, lo que puede afectar al individuo... Esa doble propensión la inclina a ser escéptica ante la especulación que olvida al individuo y trata las cosas como si no existiesen sino para alguna entidad imaginaria o pura creación del espíritu, que no puede referirse a sentimientos de seres humanos, vivos y tangibles. Las ideas de las mujeres son, pues, utilísimas para encarnar en la realidad las del pensador, así como las ideas de los hombres para dar extensión y generalidad a las de las mujeres. En cuanto a la profundidad distinta de la amplitud, dudo mucho que, aun hoy, si las comparamos con los hombres, muestren las mujeres inferioridad notable.

## Capítulo XIX. La mujer no acepta convencionalismos en el orden del pensamiento

## Los nervios en la mujer. Causas del predominio del temperamento nervioso. Falsa educación de la mujer. Remedios contra la neurosis

Si las cualidades mentales de la mujer, según son en el día, pueden prestar a la especulación tan beneficioso concurso, desempeñan papel todavía más importante cuando la especulación ha cumplido su tarea y se trata de llevar a la práctica los resultados de la teoría. Por las razones ya indicadas, las mujeres están menos expuestas a caer en el error común de los hombres, de aceptar reglas, cuando éstas no son prácticamente aplicables, o cuando convendría modificarlas en su aplicación. Examinemos ahora otra superioridad ya reconocida en las mujeres inteligentes: una prontitud y viveza para la resolución mayor que la del hombre. ¿Acaso el predominio de esta cualidad no hace a las personas muy aptas para los negocios? En la acción, el éxito pende siempre de una decisión pronta.

En la especulación pasa lo contrario: un pensador puede y debe esperar, tomarse tiempo para reflexionar, inquirir nuevas pruebas más convincentes, y el temor de perder la ocasión oportuna no le compele a formular de una vez sus teorías y raciocinios. La facultad de deducir con ayuda de datos insuficientes la mejor conclusión posible, no deja de ser útil en filosofía; la construcción de una hipótesis provisional, sirviéndose de los hechos conocidos, suele ser base necesaria para toda averiguación ulterior. Sin embargo, esta facultad reflexiva la considero ventajosa, no indispensable, en filosofía, y para esta operación auxiliar del juicio como para la principal y altísima, el pensador puede tomarse el tiempo que guste. No hay motivo para apresurarse; antes bien, convienen mucho el seso y la paciencia, a fin de proceder lentamente, hasta que los vagos resplandores que divisa se conviertan en vivas luces y las conjeturas se determinen bajo forma de teoremas. Por el contrario, cuando se trata de fijarse únicamente en lo fugitivo y en lo perecedero, en los hechos particulares, no en especies de hechos, la agilidad del pensamiento no cede en importancia sino a la facultad misma de pensar. Quien no tiene sus facultades prontas y disponibles en circunstancias en que se impone la acción, es como si careciese de esas mismas facultades. Podrá el individuo tardío en resolver ser apto para la práctica, no para la acción. En este particular, las mujeres, y los hombres que más se parecen psíquicamente a las mujeres, tienen una superioridad reconocida. Los demás varones, por eminentes, aptos y talentudos que sean, no dominan sus aptitudes, no las pueden amoldar a las circunstancias. La rapidez en el juicio y la prontitud en ejecutar una acción oportuna son, en esa gente tardía, resultado gradual y lento de un esfuerzo vigoroso erigido va en costumbre.

Tal vez se me dirá que la susceptibilidad nerviosa de la mujer la hace incapaz para la práctica de todo lo que no sea vida doméstica, y se alegará que la mujer es voluble, únicamente sumisa a la influencia del momento, falta de perseverancia, y nunca segura de dominar sus facultades y aplicarlas según conviene. Creo que estas palabras resumen la mayor parte de las objeciones con que el vulgo suele condenar la aptitud femenina para los asuntos de orden superior. La mayoría de estas deficiencias son debidas a un exceso de fuerza nerviosa que se derrocha en vano, y cesarían así que la fuerza consabida pudiera emplearse en la persecución de un objeto serio y culminante.

Tampoco deja de provenir el neurosismo de la mujer de lo mucho que lo han estimulado, a propósito o sin querer, los que la dirigen, educan y fustigan: prueba de esto es la desaparición casi completa de los ataques de nervios, soponcios y convulsiones, desde que tanto pasaron de moda y cayeron en ridículo. Además, cuando una persona se cría en estufa, como suelen criarse muchas damas de alto copete (esto no es tan frecuente en Inglaterra como en otras naciones), lejos de toda corriente de aire y toda alteración atmosférica, y no se acostumbra a ejercicios ni a ocupaciones que excitan y desarrollan los sistemas circulatorio y muscular; mientras su sistema nervioso, y sobre todo las partes de este sistema que afectan las emociones, se mantengan en estado de actividad anormal, no hay que extrañar que esa persona, si no muere de consunción, contraiga un modo de ser físico propenso a alterarse con la menor causa externa o interna, y sea incapaz de soportar un trabajo material o mental que exija esfuerzo continuado, vigor y equilibrio. Pero las mujeres educadas y avezadas a ganarse la vida no presentan esos síntomas morbosos, a no ser que estén dedicadas a un trabajo sedentario excesivo y encerradas en locales insalubres. Las que en su juventud compartieron la saludable educación física y la libertad de sus hermanos; las que no carecieron ni de aire puro ni de ejercicio durante el resto de su vida, no suelen presentar indicios de una suceptibilidad nerviosa tan excesiva que las impida vivir normal y activamente.

## Capítulo XX. El temperamento nervioso ¿incapacita para las funciones reservadas al hombre en el Estado?

### Los nervios son una fuerza. Influencia de los nervios en el carácter. Los celtas, los suizos, los griegos, los romanos. La concentración, buena para el pensamiento investigador, para la acción es funesta

Es verdad que en uno y otro sexo hay personas en quienes es constitucional una sensibilidad nerviosa excesiva, con un carácter tan marcado e influyente, que impone al conjunto de fenómenos vitales su dominio y los somete a su dirección malsana. El temperamento nervioso, como otras complexiones físicas, es hereditario, y se transmite a los hijos y a las hijas; pero es posible y aun probable que las mujeres hereden más el temperamento nervioso que los hombres. Partamos de este dato y preguntemos si a los hombres de temperamento nervioso se les considera incapacitados para las funciones y ocupaciones que suelen desempeñar en sociedad los individuos de su sexo. Si no es así, ¿por qué razón las mujeres del mismo temperamento han de quedar excluidas de esas ocupaciones y cargos? Las condiciones propias del temperamento nervioso son sin duda, dentro de ciertos límites, un obstáculo para el éxito, en varias ocupaciones, y un auxiliar para conseguirlo, en otras. Pero cuando la ocupación es adecuada al temperamento, y aun en caso contrario, los hombres dotados de más exagerada sensibilidad nerviosa no dejan de ofrecernos brillantes ejemplos de éxito y capacidad. Se distinguen sobre todo por mayor finura y vibración de alma, por mayor excitabilidad que los de distinta constitución física; sus facultades, cuando están sobreexcitadas, ascienden más que en los otros hombres sobre el nivel del estado normal; los nerviosos se elevan, digámoslo así, por cima de sí mismos, y hacen con facilidad cosas difíciles que no serían capaces de realizar en otra ocasión.

Y nótese que esta excitación sublime no es, excepto en las constituciones débiles, un pasajero relámpago de inspiración que se apaga sin dejar rastro y que no puede aplicarse a la persecución constante y firme de un objeto. Lo propio del temperamento nervioso es ser capaz de una excitación sostenida durante una larga serie de esfuerzos. Por los nervios, un caballo de pura raza, diestro ya en la carrera, corre sin parar hasta caer muerto, lo cual se llama tener mucha sangre, y debiera llamarse tener muchos nervios. Esta cualidad es la que permite a mujeres delicadas manifestar la más sublime constancia, no solo ante el cadalso, sino durante las largas torturas de espíritu y cuerpo que precedieron a su suplicio. Es evidente que las personas de temperamento nervioso son de especial capacidad para cumplir funciones ejecutivas en el gobierno de los hombres. Es la constitución esencial de los eximios oradores, de los grandes predicadores, de todo elocuente propagandista de las más sutiles influencias morales. Tal vez parezca menos favorable a las cualidades propias del hombre de Estado, del sabio sedentario, del magistrado, del profesor. Así sería, si fuese verdad que una persona excitable tiene que estar siempre en estado de excitación. Pero la excitabilidad se reprime y se educa. Una sensibilidad intensa es cabalmente el instrumento y la condición que nos permite ejercer sobre nosotros mismos poderoso imperio; solo que, para alcanzar tal victoria en la sensibilidad, hay que cultivarla bien. Cuando ha recibido la debida preparación, no solo forma los héroes impulsivos, sino los héroes de la voluntad que se posee a sí misma. La historia y la experiencia prueban que los caracteres más apasionados muestran mayor constancia y rigidez en afirmar el sentimiento del deber, cuando su pasión ha sido dirigida en el sentido de la energía moral. El juez que, contra sus más caros intereses, dicta sentencia justa en una causa, extrae de la propia sensibilidad el sentimiento enérgico de la justicia, que le permite obtener hermoso triunfo sobre sí propio.

La aptitud para sentir tan sublime entusiasmo nace del carácter habitual y sobre el carácter habitual reacciona. Cuando el hombre llega a este estado excepcional, sus aspiraciones y sus facultades son el tipo de comparación según el cual aprecia sus sentimientos y acciones anteriores. Las tendencias habituales se amoldan y se adaptan a esos movimientos de noble excitación, a pesar de su caducidad, efecto natural de la constitución física del hombre.

Lo que sabemos de las razas y de los individuos no demuestra que los temperamentos excitables sean, por término medio, menos a propósito para la especulación y para los negocios que los temperamentos linfáticos y fríos. Los franceses y los italianos tienen por naturaleza nervios más excitables que las razas teutónicas, y si se les compara a los ingleses, las emociones representan papel más importante en su vida diaria: pero ¿se desprenderá de aquí que sus sabios, sus hombres de Estado, sus legisladores, sus magistrados, sus capitanes han sido menos grandes que los nuestros? Está demostrado que los griegos eran antes, como hoy lo son sus descendientes y sucesores, una de las razas más excitables de la humanidad. ¿Pues en qué ramo o empresa no han sobresalido? Es probable que los romanos, también meridionales, tuviesen en su origen el mismo temperamento nervioso, pero la severidad de su disciplina nacional hizo de ellos, como de los espartanos, un ejemplo del tipo nacional opuesto, torciendo el cauce de sus sentimientos naturales en favor de los artificiales. Si estos ejemplos muestran lo que cabe hacer de un pueblo naturalmente excitable, los celtas irlandeses nos ofrecen saludable ejemplo de lo que puede llegar a ser abandonado a sí mismo, si es que puede decirse que un pueblo está abandonado a sí mismo cuando vive, durante siglos enteros, sometido a la influencia indirecta de un mal gobierno, de la Iglesia católica y de la religión que ésta enseña y practica. El carácter de los irlandeses debe, pues, considerarse como un ejemplo desfavorable a mi tesis: sin embargo, donde quiera que las circunstancias lo han consentido, ¿qué pueblo ha mostrado nunca mayor aptitud para muy variados géneros de superioridad?

Así como los franceses comparados con los ingleses, los irlandeses con los suizos, los griegos e italianos con los pueblos germánicos, la mujer comparada con el hombre hará, en suma, las mismas cosas que él, y si no consigue tanto éxito, la diferencia estribará más en la clase del éxito que en el grado. No veo sombra de razón para dudar que la mujer se igualaría al hombre, si su educación tendiese a corregir las flaquezas de su temperamento en lugar de agravarlas, como sucede en el día.

Admitamos que el ingenio de la mujer sea, por naturaleza, más versátil, menos capaz de perseverar en un orden de esfuerzos, más propio para repartir sus facultades entre muchas cosas que para progresar en su camino y llegar a la cima de un alto propósito; concedamos que suceda así a las mujeres, tal cual son ahora (aunque no sin muchas y muy honrosas excepciones), y que esto explique por qué no han subido adonde suben los hombres más eminentes en aquellas materias que exigen, sobre todo, que el entendimiento se absorba en larga serie de trabajos mentales. Siempre añadiré que esta diferencia es de aquellas que no afectan sino al género de superioridad, no a la superioridad en sí misma o a su valor positivo; y ahora falta que me prueben que este empleo exclusivo de una parte del intelecto, esta absorción de toda la inteligencia en un objeto solo, su concentración para una obra única, es la verdadera condición de las facultades humanas, hasta para la labor especulativa. Creo que el beneficio de esta concentración intelectual en una facultad especial, cede en perjuicio de las otras; y hasta en los empeños del pensamiento abstracto, he aprendido por experiencia que el entendimiento logra más examinando por distintos aspectos un problema difícil, que ahondándolo sin interrupción.

De todas suertes, en la práctica, desde sus objetos más altos hasta los más ínfimos, la facultad de pasar rápidamente de un asunto de meditación a otro, sin que el vigor del pensamiento se relaje en la transición, es de suma importancia: y esta facultad la posee la mujer, a causa de la volubilidad misma que se le imputa como delito. Tal vez esta volubilidad la deba a la naturaleza, pero a buen seguro que la costumbre entra por mucho; pues casi todas las ocupaciones de las mujeres se componen de una multitud de detalles, y a cada uno de ellos no puede el espíritu consagrar ni un minuto por verse obligado a pasar a otra cosa; de suerte que, si un asunto reclama mayor dosis de atención, hay que robarla a los momentos perdidos. Es proverbial que la mujer posee la facultad de trabajar mentalmente en circunstancias y momentos en que cualquier hombre ni aun lo intentaría, y que el pensamiento de la mujer, si ocupado únicamente por cosas pequeñas, no admite la ociosidad, como la admite el del hombre, que dormita mientras no se consagra a lo que considera asunto vital. Para la mujer todo es asunto vital, y así como el mundo no cesa de dar vueltas, no cesa de cavilar la mujer.

## Capítulo XXI. Diferencias fisiológicas

**La cuestión batallona del peso y volumen del cerebro. No está probado que sea más chico el de la mujer, ni que la diferencia de tamaño afecte a la inteligencia. La circulación. Leyes de la formación del carácter**

Me opondrán que la anatomía demuestra que el hombre posee capacidad mental mayor que la de la mujer, y el cerebro más voluminoso. El punto es muy discutible. Todavía no se ha probado que el cerebro de la hembra sea más pequeño que el del varón. Deducir esta afirmación de que el cuerpo de la mujer alcanza, por regla general, menores dimensiones que el del hombre, es un modo de razonar que nos llevaría a muy desatinadas y absurdas consecuencias. Un hombre de alta estatura debe, con arreglo a tales principios, ser extraordinariamente superior en inteligencia a un hombre pequeño, y el elefante y la ballena pueden preciarse de inteligencia superior a la de la humanidad. El volumen del cerebro en el hombre varía mucho menos que el volumen del cuerpo y aun que el de la cabeza. También es cierto que algunas mujeres tienen el cerebro tan voluminoso como el de cualquier hombre.[2] Conozco un sabio que pesó muchos cerebros humanos, y dice que el más pesado que encontró, más pesado aún que el de Cuvier (el más pesado de cuantos citan los libros), era un cerebro de mujer. Debo agregar que todavía no se sabe a punto cierto cuál es la relación exacta entre el cerebro y las facultades intelectuales, y que sobre esta cuestión se discute largo y tendido, y lleva trazas de durar la polémica. No dudo que esta relación será muy íntima. El cerebro es, sin duda, órgano del pensamiento y del sentimiento, y sin que yo me entrometa en la controversia magna, pendiente aún, sobre la localización de las facultades mentales, admito que sería una anomalía y una excepción de cuanto conocemos sobre las leyes generales de la vida y el organismo, que el volumen del órgano fuese por completo indiferente a la función; que a instrumento mayor no correspondiese mayor potencia. Pero también serían enormes la excepción y la anomalía si el órgano no ejerciese su influencia más que en razón de su volumen.

---

2    Ejemplo: Carlota Corday.

En todas las operaciones delicadas de la naturaleza —entre las cuales las más delicadas son las vitales, y de las vitales, las del sistema nervioso— las diferencias efectivas penden, tanto de las diferencias de calidad de los agentes físicos, como de la cantidad, y si la calidad de un instrumento se muestra por lo delicado de la obra que ejecuta, hay razón para decir que el cerebro y el sistema nervioso de la mujer son de calidad más afinada, de más delicada estructura que el sistema nervioso y el cerebro del hombre. Dejemos a un lado la diferencia abstracta de calidad, por ser cosa de difícil comprobación. Se sabe que la importancia del trabajo de un órgano procede, no solo de su volumen, sino también de su actividad, y tenemos la medida de ésta, en lo enérgico de la circulación por el interior del órgano; no es, pues, sorprendente que el cerebro del hombre sea más grande, y más activa la circulación en el de la mujer. Esto también es una hipótesis en armonía con todas las diferencias que nos ofrecen las operaciones mentales de ambos sexos. Los resultados que por analogía debiéramos esperar de esta diferencia de organización, corresponderían a los que observamos de ordinario. Desde luego podría afirmarse que las operaciones mentales del hombre son más lentas, que en general su pensamiento no corre tan ligero como el de la mujer, y que sus sentimientos no se suceden con tan graciosa agilidad. Los cuerpos de gran masa y volumen tardan más en ponerse en movimiento. Por otra parte, el cerebro del hombre, funcionando con toda su energía, dará más trabajo; persistirá mejor en la línea adoptada desde un principio; le costará más pasar de un modo de acción a otro; pero en la obra emprendida, podrá perseverar mucho sin pérdida de tiempo o fatiga notable. Realmente las cosas en que los hombres sobrepujan a las mujeres son aquellas que exigen mayor perseverancia en la meditación, y, por decirlo así, el don de machacar sobre una idea, mientras las mujeres desempeñan a la perfección todo lo que exige rapidez y listeza. El cerebro de la mujer se cansa primero, se rinde más pronto, pero no bien se aplana cuando ya vuelve a recobrar sus facultades y su elasticidad preciosa. Repito que todas estas ideas son meras hipótesis; con ellas solo aspiro a señalar derroteros a la investigación.

Ya he declarado que hoy por hoy se ignora si existe diferencia natural en la fuerza o tendencia mediana habitual de las facultades mentales de ambos sexos, y sobre todo se desconoce en qué puede consistir esta diferencia.

No es posible escudriñarla mientras no se estudie mejor, aunque sea generalizando, y mientras no se apliquen científicamente las leyes psicológicas de la formación del carácter; mientras se haga caso omiso de las causas externas, las más evidentes entre las que pueden influir en las diferencias características; mientras el observador las desdeñe, y las escuelas reinantes de fisiología y de psicología las traten con desprecio mal disimulado y prescindan de ellas todo lo posible. Las tales escuelas, ya se funden en la materia o ya en el espíritu para investigar el origen de lo que principalmente distingue a un ser humano de otro, están todas de acuerdo para aplastar a los que tratan de explicar estas diferencias por las distintas relaciones de los seres en la sociedad y en la vida.

Las ideas relativas a la naturaleza y que se han formado mediante generalizaciones empíricas construidas sin espíritu filosófico y sin análisis, sirviéndose de los primeros casos que registró el observador, son tan superficiales, que la idea admitida en un país difiere toto coelo de la admitida en otro, y varía según las circunstancias propias de un país han permitido a las mujeres que en él nacen y viven, desarrollarse en este o en aquel sentido.

Los orientales creen que las mujeres son por naturaleza voluptuosas; un inglés entiende, por regla general, que son de suyo frías. Los proverbios sobre inconstancia de las mujeres son de origen francés, o mejor dicho, gaulois, y anteriores y posteriores al famoso dístico de Francisco I. En Inglaterra, por el contrario, se presume que las mujeres demuestran más constancia que los hombres; y esto lo atribuyo a que en Inglaterra, antes que en Francia, se tuvo la inconstancia femenil por deshonrosa para la mujer; además, las inglesas son más esclavas de la opinión que las francesas; la desafían menos.

## Capítulo XXII. El pueblo inglés desconoce la naturaleza

### Comparación entre el criterio de ingleses y franceses

Puede notarse de paso, que los ingleses están en malas condiciones para distinguir lo que es natural de lo que no lo es, no solamente en lo tocante a la mujer, sino en cuanto al hombre, o indistintamente de la humanidad compuesta de hembra y varón. Han formado su experiencia sin salir de su misma patria, quizá el punto del globo donde la naturaleza humana vela y cubre mejor sus rasgos naturales. Los ingleses están más alejados del estado de naturaleza, en bueno y en mal sentido, que otros pueblos modernos; más que ninguno, son los ingleses producto de la civilización y de la disciplina. En Inglaterra es donde ha conseguido la disciplina social mayor éxito, no para vencer, sino para suprimir cuanto la estorba. Los ingleses, más que otra nación, obran y sienten por regla, patrón y compás. En los demás países, la opinión oficial puede preponderar, pero las tendencias naturales de cada individuo perseveran y se descubren, y a menudo contrarrestan el imperio de la ley social más aceptada: la regla podrá imponerse a la naturaleza, pero ésta siempre vive y palpita bajo la regla, esperando la hora de quebrantarla. En Inglaterra la regla ha sustituido en gran parte a la naturaleza. La mayor parte de la vida se la pasa un inglés, no siguiendo su inclinación al conformarse con la regla, sino cultivando la inclinación a seguir la regla.

Sin duda que este modo de ser tiene sus lados buenos, pero también otros detestables; y esta inclinación a la regla incapacita al inglés para sacar de su experiencia elementos de juicio firme sobre las tendencias originales de la naturaleza humana. Los errores en que un observador de otro país puede caer en este punto son de muy diferente carácter. El inglés desconoce la naturaleza humana, el francés la ve al través de sus preocupaciones; los errores del inglés son negativos, los del francés positivos. Un inglés imagina que una cosa no existe porque no la ha visto; un francés se imagina que debe existir siempre y necesariamente porque la ve; el inglés no conoce la naturaleza porque no ha tenido ninguna ocasión de observarla, el francés la conoce en gran parte, pero se deja engañar por ella las más de las veces, porque la ha visto reformada al través de su propio prisma. Para uno y otro, la forma artificial que la sociedad imprime a las materias que son objeto de observación, oculta sus verdaderas propiedades, suprime su naturaleza íntima, o la transforma y disfraza de tal suerte, que no la conocerá la madre que la parió. En el primer caso no queda que estudiar sino un residuo de la naturaleza, en el otro la naturaleza existe, pero falseada en sus manifestaciones, contrarias a las que resultarían de un desarrollo libre, franco y normal.

He dicho que no es posible saber hoy qué es natural y qué artificial en las diferencias mentales que actualmente se notan entre el hombre y la mujer; si realmente hay alguna que proceda de la naturaleza, y cuál sería el verdadero carácter femenino, quitadas todos las causas artificiales de diferenciación. No quiero intentar la empresa que he declarado imposible: pero la duda no prohíbe las conjeturas, y cuando no podemos alcanzar la certeza, buscamos los medios de lograr alguna presunción probable y verisímil. El primer punto, o sea el origen de las diferencias que ahora observamos, es más accesible a la especulación; trataré de abordarlo por el único camino que a él conduce, buscando los efectos de las influencias exteriores sobre el espíritu. No podemos aislar a un miembro de la humanidad de la condición a que vive sujeto, ni exigirle que pruebe por la experiencia lo que sería por naturaleza, pero sí podemos considerar lo que es y lo que fueron las circunstancias y si éstas han podido convertirle en lo que hoy vemos.

Aceptemos, pues, el único dato importante que la observación nos suministra; el concepto en que la mujer aparece inferior al hombre, hecha abstracción de su inferioridad en fuerza muscular física. Este gran argumento de los esclavistas es que en filosofía, ciencias y artes, ninguna producción de primera línea es obra de una mujer. ¿Puede explicarse esta inferioridad sin afirmar que las mujeres son por naturaleza incapaces de producir obras maestras?

## Capítulo XXIII. No hay tiempo aún de saber si la mujer es o no inferior en ciencias y artes

### Safo, Myrtis y Corina. La supuesta falta de originalidad. Cómo se ha de entender y en qué consiste. Madama de Staël y Jorge Sand

En primer lugar, paréceme dudoso que la experiencia haya suministrado ya base suficiente para deducción tan radical y estricta. No hace todavía tres generaciones que las mujeres (descontando raras excepciones) han principiado a dedicarse a la filosofía, las ciencias o las artes. En la pasada centuria no fueron muchas las que ensayaron sus fuerzas en el estudio, y aun en la presente son en todas partes casos raros, si se exceptúa quizá a Inglaterra y a Francia. También podría ser muy discutible, dentro de las reglas de probabilidad, si hay tiempo para que un espíritu dotado de condiciones de primer orden para la especulación o las artes creadoras aparezca como un astro entre las contadas mujeres a quienes sus gustos y su posición permitieron consagrarse a tales fines de la vida. Siempre que la mujer ha dispuesto del tiempo necesario, especialmente en literatura (prosa o verso), que es en lo que trabajan desde épocas más remotas, si no ha obtenido los primeros puestos, por lo menos ha creado tantas obras bellas y logrado éxito tan brillante, que dada la preocupación que retrae a muchas, el corto número de las que pueden haberse resuelto a desafiarla, y la lucida hueste de émulos del sexo masculino, cabe afirmar la aptitud de la mujer para la poesía y las letras. Si nos remontamos a los tiempos primitivos, en que solo por caso inaudito se dedicaban las mujeres a la literatura, observamos que algunas han obtenido en ella universal renombre. Los griegos contarán siempre a Safo entre sus grandes poetas, y bien podemos creer que Myrtis, la cual dicen fue maestra de poesía de Píndaro, y *Corina* que obtuvo cinco veces premio de versificación luchando con Píndaro en los juegos, eran dos poetas tan grandes como Píndaro mismo. Aspasia no ha dejado escritos filosóficos; pero se sabe que Sócrates recibió de ella lecciones muy provechosas.

Si consideramos las obras de las mujeres en los tiempos modernos y las comparamos a las de los hombres, sea en literatura o sea en arte, la

114

inferioridad que en ellas se nota puede reducirse a un solo punto, aunque muy importante: la falta de originalidad. No entendamos que se trata de una deficiencia absoluta, porque toda producción de algún valer tiene una originalidad propia, es concepción nacida en el espíritu del autor, no mera copia de ningún modelo. Existen ideas originales en los escritos de las mujeres, si por originalidad se ha de entender que no están tomadas de ninguna parte, sino que las han elaborado a cuenta de su propia observación y con la substancia de su propio espíritu. Lo que significa es que no han producido aún esas ideas grandes y luminosas que marcan una época en la historia del pensamiento, ni esas concepciones esencialmente nuevas en el arte, que abren una perspectiva de efectos posibles aún no imaginados, y fundan una nueva escuela. Sus composiciones descansan, por lo general, sobre la base del ambiente intelectual de su siglo, y sus creaciones no se apartan del tipo conocido ya. Tal es la inferioridad que sus obras revelan; porque en la ejecución, en la aplicación de la idea y en la perfección del estilo, la supuesta inferioridad no existe. Las mujeres descuellan como novelistas, en cuanto a la composición y filigrana de los detalles: en Inglaterra se han distinguido en este género. No conozco, en toda la literatura moderna, expresión más elocuente del pensamiento que el estilo de Madama de Staël; y como ejemplo de perfección artística, no sé de prosa que pueda eclipsar a la prosa de Jorge Sand, cuyo estilo produce en el sistema nervioso el efecto de una sinfonía de Haydn o de Mozart. Lo que falta a las mujeres, como queda dicho, es una originalidad extraordinaria y sobresaliente de concepción artística.

Veamos si hay modo de explicar racionalmente esta deficiencia. Empecemos por el pensamiento. Recordemos que durante todo el período de la historia y de la civilización en que fue posible descubrir verdades altas y fecundas solo por la acción del vigor mental y del genio, sin grandes estudios preliminares, sin conocimientos vastos, las mujeres no se atrevieron ni a soñar en la especulación. Desde Hypatía hasta la Reforma, la ilustre Eloísa es casi la única mujer que pudo llenar semejante vacío, y en rigor desconocemos la extensión del ingenio filosófico que las desgracias de Eloísa han hecho perder a la humanidad. Desde que fue posible a buen número de mujeres dedicarse a la filosofía, ya iban escaseando las probabilidades de originalidad y novedad en los sistemas. Casi todas las ideas fundamentales, captables por la fuerza aislada del raciocinio y del entendimiento, estaban conquistadas por el hombre, y la originalidad, en el sentido más alto de la palabra, ya no podían conseguirla sino las inteligencias que hubiesen sufrido laboriosa preparación, y los espíritus críticos que examinaron a fondo los resultados obtenidos por sus predecesores.

## Capítulo XXIV. La época de la gran originalidad ha pasado también para el hombre

### Valor de las ideas originales de los ingenios legos. Condiciones que tendrán que darse para que la mujer posea literatura original

Creo que fue Mauricio quien notó que, hoy por hoy, los pensadores más originales son los que conocen más a fondo las ideas de sus predecesores; y ya en lo sucesivo no fallará esta regla. Sube tan alto el edificio, que el que quiera a su vez colocar una piedra sobre las otras tiene que elevar penosamente su sillar hasta la altura que alcanza la obra común. ¿Cuántas mujeres existen que hayan realizado esta tarea? ¿A cuántas se les ha permitido adquirir la alta cultura que necesita hoy un filósofo? Solo Madama de Sommerville conoce tal vez todo cuanto es preciso saber hoy en matemáticas para estar a la altura de realizar un descubrimiento notable. ¿Será por eso Madama de Sommerville una prueba de la inferioridad de la mujer, si no consigue la dicha de contarse en el número de las dos o tres personas que durante el tiempo que ella viva asocien su nombre a cualquier adelanto notorio de las matemáticas? Desde que la economía política se ha elevado a ciencia, dos mujeres han sabido de ella lo bastante para escribir páginas muy útiles sobre esta materia. ¿Existe algún hombre, entre la innumerable cantidad de autores que han escrito de economía política durante este período, de quien pueda decirse en conciencia que hizo más? Si todavía ninguna mujer ha llegado a ser un gran historiador, tampoco ninguna ha podido reunir el lastre de erudición que el historiador necesita. Si ninguna mujer ha sido un gran filólogo, tampoco sé de ninguna que haya estudiado el sanscrito, el eslavo, el gótico de Ulphilas, el zendo del Avesta; y en las mismas cuestiones prácticas ya sabemos a dónde llega la originalidad de los ingenios legos, que inventan nuevamente, en forma rudimentaria, lo ya inventado y perfeccionado por una larga serie de precursores. Cuando la mujer haya acumulado la suma de conocimientos que necesita el hombre para sobresalir en un terreno original, será ocasión de juzgar por experiencia si puede o no ser original la mujer.

Sucede con frecuencia que quien no ha estudiado con atención y a fondo las ideas ya emitidas sobre un asunto tiene, por efecto de sagacidad natural, una intuición feliz de esas que la sagacidad puede sugerir, pero que no alcanza a probar, y que, sin embargo, llegada a madurez, traería considerable incremento a la ciencia. En casos tales la intuición se esteriliza, y no apreciamos su verdadero valor hasta que los más doctos la hacen suya, la comprueban, la dan forma práctica o teórica y la colocan en el lugar que le corresponde: entre las verdades de la filosofía y de la ciencia. Nadie supondrá que la mujer carezca de esas ocurrencias y oportunidades científicas. Una mujer inteligente las derrama a granel. Lo más frecuente es que se pierdan por falta del compañero o del amigo que, poseyendo caudal de conocimientos, tase las ocurrencias en todo su valor y las propague en público; y aun cuando tan feliz casualidad se diese, y allí estuviese el eco, el amigo, el esposo de la inventora, la idea se atribuye antes al que la publica que a su verdadero autor. ¿Quién es capaz de contar las ideas originales que, dadas a luz por escritores del sexo masculino, pertenecen realmente a una mujer que se las sugirió, sin que el hombre les preste más que la tasación y el engarce. Si yo hablase por experiencia propia, diría que el caso es frecuentísimo.

Si de la especulación pura regresamos a la literatura en el sentido más estricto de la palabra, hay una razón general que nos explica por qué la literatura femenina suele ser una imitación de la masculina en su ideal general y en sus rasgos más salientes. ¿Por qué la literatura latina (según nos enseña reiteradamente la crítica moderna) en vez de ser original es una imitación de la literatura griega clásica? Ni más ni menos que porque los griegos se anticiparon a los romanos. Fantaseemos que las mujeres hubiesen vivido en un país donde no existiesen hombres, y que no hubiesen leído nunca ni un solo escrito de autor masculino; a buen seguro que tendrían su literatura propia. No han creado literatura original, porque se encontraron con una creada del todo y ya muy adelantada. A no producirse nunca solución de continuidad en el conocimiento de los clásicos: si el Renacimiento brillase antes de la construcción de las catedrales góticas, no llegaría a construirse ninguna. Observemos cómo, en Francia y en Italia, la imitación de la literatura antigua paralizó el desarrollo de un arte original. Toda mujer que escribe es discípula de grandes escritores del otro sexo. Las primeras obras de un pintor, aunque el pintor se llame Rafael, descubren la misma manera de su maestro. El propio Mozart no desplegó originalidad en sus primeras composiciones.

Lo que un individuo apto realiza en muchos años, solo lo realizan las multitudes en el transcurso de varias generaciones. Si la literatura femenina ha de llegar a poseer en conjunto un carácter diferente del de la masculina, en armonía con las diferencias sexuales y las tendencias naturales de su sexo, el fenómeno pide mayor espacio y tiempo del que ha transcurrido, y solo en muchos años podría la literatura femenina sacudir el yugo de los modelos y obedecer a su propio impulso. Pero si, como creo en conciencia, no existe en la mujer ninguna tendencia natural que diferencie su genio del masculino, no por eso puede negarse que toda escritora tiene sus tendencias peculiares, y que hoy por hoy sufren inevitablemente la influencia del precedente y del ejemplo, habiendo de sucederse muchas generaciones antes de que la individualidad femenina tenga el desarrollo necesario para desligarse de este lazo y sustraerse a este ascendiente.

## Capítulo XXV. La mujer artista

**Causas de la superioridad de los grandes pintores de los siglos pasados. Falta de tiempo que aqueja a la mujer. Relación entre las aptitudes para el tocador y la elegancia doméstica, y las altas facultades artísticas**

Donde más domina la prevención contra la originalidad de la mujer, es en las bellas artes propiamente dichas, puesto que, digámoslo en puridad, la opinión no se opone a que las cultiven, antes bien las impulsa, y en la educación de las señoritas se concede bastante lugar a la pintura, música, etc., sobre todo en las clases pudientes.[3] En este género de producción, más que en ninguno, se han quedado las mujeres muy rezagadas y lejos de la cima. Con todo eso, la inferioridad se explica muy fácilmente, con solo recordar el hecho conocidísimo, y más evidente aún en las bellas artes que en cualquier otro ramo, de la indiscutible inferioridad del aficionado respecto del artista de profesión. Casi todas las mujeres de las clases ilustradas cultivan más o menos asiduamente algunas de las bellas artes, pero sin intención de utilizarlas ganando su vida, o de un modo más desinteresado y puro, conquistando fama y gloria. Las mujeres artistas son todas aficionadas. Las excepciones sirven para confirmar la regla; la mujer aprende música, no para componer, sino únicamente para ejecutar: de ahí que los hombres sobrepujen en música, a título de compositores, a las mujeres.

Para intentar una comparación equitativa, sería preciso cotejar las producciones artísticas de las mujeres con las de los hombres que no son artistas de profesión. En la composición musical, por ejemplo, las mujeres no ceden el paso a los aficionados del otro sexo. En la actualidad hay pocas mujeres, muy pocas, que pinten por oficio, y las que lo realizan comienzan a mostrar tanto talento como los émulos varones. Los pintores del sexo masculino (con permiso del Sr. Ruskin) no hicieron prodigios en estos últimos siglos, y pasará mucho tiempo antes de que aparezcan genios pictóricos. Los pintores de antaño sobrepujan a los modernos, porque antaño muchos

---

3   Este cultivo de las Bellas Artes (en España por lo menos) es puramente recreativo, d'agrément. Cuando las mujeres quieren ser pintoras de verdad, su sexo las quita, en las Exposiciones, la medalla. El caso es frecuente y no lo ignora nadie.

hombres superiores, de altas cualidades, se dedicaban a la pintura. En los siglos XIV y XV, los pintores italianos eran los hombres más completos, más cultos de su generación. Los maestros poseían conocimientos enciclopédicos y sobresalían en todo género de producción, lo mismo que los grandes hombres de Grecia. En aquel entonces las bellas artes eran tenidas por oficio nobilísimo, y el artista obtenía distinciones que hoy solo se ganan en la política o la guerra; por el arte se granjeaba la amistad de los príncipes, y el artista se colocaba al nivel de la más alta nobleza. Hoy los hombres de valía juzgan que pueden dedicarse a algo más importante para su propia fama y más en armonía con las necesidades del mundo moderno, que a la pintura, y es raro que un Reynold o un Turner (cuyo puesto entre los varones ilustres no pretendo fijar aquí), haya elegido el pincel para sostén de su fama.

La música es otra cosa: no exige fuerza intelectual, y al parecer, el genio músico es gracia o don de la naturaleza; por eso podríamos extrañar que ninguno de los grandes compositores haya sido mujer; pero, no obstante, este don natural hay que beneficiarlo con estudios que absorben toda la vida. Los únicos países que han producido compositores de primer orden, en el sexo masculino también, son Alemania e Italia, naciones en que las mujeres se han quedado muy atrás respecto de Francia y de Inglaterra, por la cultura intelectual, así general como especial; la mayoría del sexo femenino en Alemania e Italia apenas recibe instrucción, y rara vez se cultivan las facultades superiores de su espíritu. En esos países se cuentan por centenares y aun por millares los hombres que conocen los principios de la composición musical, y solo por decenas las mujeres que los sospechen. De suerte que, admitida la proporción, no podemos exigir que aparezca sino una mujer eminente por cada cien hombres; y los tres últimos siglos no han producido cincuenta grandes compositores del sexo masculino, tanto en Alemania como en Italia.

Aparte de las razones que hemos alegado, hay otras que explican por qué las mujeres se quedan rezagadas en las poquísimas carreras en que tienen entrada ambos sexos. Desde luego afirmo que pocas mujeres tienen tiempo para dedicarse seriamente al estudio: esto podrá sonar a paradoja, pero es un hecho social patentísimo. Los detalles de la vida absorben imperiosamente la mayor parte del tiempo y del ingenio de las mujeres. Empecemos por el gobierno de la casa y sus gastos, quehacer inevitable a que se dedica en cada familia una mujer por lo menos, generalmente la que ya ha llegado a la edad madura y tiene experiencia, excepto cuando la familia es lo bastante rica para fiar este cuidado a un dependiente, y soportar el despilfarro y las malversaciones inherentes a esta manera de administrar. La dirección de una casa, aun cuando no exige mucho trabajo material, es extremadamente enojosa y abruma y entorpece el espíritu; reclama una vigilancia incesante, un golpe de vista infalible, y siempre dispuesto a examinar y resolver cuestiones previstas o imprevistas, que preocupan a la persona responsable, aun cuando sea mujer que pertenezca a clase muy elevada o se encuentre en tal posición que puede eximirse de esta tarea, porque siempre le quedará la dirección de todas las relaciones de la familia con lo que se llama el mundo y la sociedad.

Cuanto menos tiempo dedica a los cuidados domésticos más la absorben los sociales; comidas, conciertos, soirées, visitas, correspondencia y todo lo que con este artificio social se relaciona. Y no descartemos el deber supremo que la sociedad impone a la mujer, el de hacerse agradable, muy agradable. Las altas clases de la sociedad concentran casi todo su ingenio en cultivar la elegancia de los modales y el arte de la conversación. Además, si miro estas obligaciones desde otro punto de vista, tengo que añadir que el esfuerzo intenso y prolongado que toda mujer que aspira a no presentarse «hecha una facha» consagra a su toilette (no hablo de las que derrochan un caudal en trapos, sino de las que visten con gusto y con el sentido de las conveniencias naturales y artificiales) y quizá también a la de sus hijas, este esfuerzo intelectual aplicado a algún estudio serio las aproximaría mucho al punto culminante en que el espíritu da de sí obras notables en artes, ciencias y literatura. Sí; el tocador como deber se traga gran parte del tiempo y del vigor mental que la mujer pudiera reservar para otros usos.[4] A fin de que

---

4    Diríase que es una misma la aptitud intelectual que capacita a un hombre para adquirir la verdad o para formarse idea exacta de lo adecuado, así en el ornato como en los principios artísticos. Es una misma idea de perfección, girando en más reducido circuito. Pongamos por ejemplo la manera de vestirse, en que ya se sabe que hay buen gusto y mal gusto. Las diferentes partes del traje cambian continuamente de dimensiones; de grandes se hacen chicas, de cortas largas, pero esencialmente conservan su forma; es siempre el mismo traje que se ajusta a un tipo relativamente fijo, asentado sobre angosta base, pedestal de

esta suma de pequeños intereses, que para ellas son importantes, las dejase suficiente vagar, bastante energía y libertad de espíritu para cultivar las ciencias y las artes, sería preciso que dispusiesen de mayor suma de facultades activas que la generalidad de los hombres.

---

la moda. El que inventa más felizmente o viste con más exquisito donaire, probablemente, si hubiese consagrado la misma sagacidad a objetos más altos, habría revelado igual destreza o adquirido el mismo delicado gusto en los nobles trabajos artísticos. (Sir Joshua Reynold's Discourses, Disc. VII.)

## Capítulo XXVI. La mujer obligada a soportar todo el peso de los deberes sociales

**Aspiraciones máximas de la mujer en la actualidad. No le es permitido correr tras la gloria, intento que en el hombre se ensalza y se aprueba. Condiciones morales de la mujer. Lo que más se alaba en ella es virtud negativa, fruto de la esclavitud**

Hay más todavía. Descartados los deberes cotidianos de la vida, exigimos a la mujer que tenga su tiempo y su ingenio a disposición de todo el mundo. Si un hombre ejerce una profesión que le defiende contra los entremetidos o solamente una ocupación, a nadie ofende consagrándola su tiempo; puede encastillarse en el trabajo para excusarse de no atender a las exigencias de los extraños. ¿De cuando acá las ocupaciones de una mujer, sobre todo las que voluntariamente escoge, la sirven de excusa para prescindir de los deberes sociales? A duras penas la exime de la penitencia social el tener que cumplir indispensables deberes domésticos.[5] Se necesita nada menos que una enfermedad en la familia o cualquier otro suceso extraordinario para que sea lícito a la mujer preferir sus propios asuntos a las impertinencias ajenas. La mujer ha de estar siempre a las órdenes de cualquiera, y, en general, de todo el mundo. Si quiere estudiar, ya puede cazar al vuelo los ratos perdidos que al estudio dedica. Una mujer ilustre observa en un libro, que algún día se publicará, que todo cuanto hace la mujer lo hace a ratos perdidos. ¿Es, pues, de extrañar que no llegue a más alta perfección en las materias que reclaman atención constante, y que se han de tomar como fin principal de la vida? La filosofía es una de estas materias, el arte otra, y sobre todo el arte exige que le dediquemos no solo todos nuestros pensamientos y sentimientos, sino la práctica de un ejercicio incesante para adquirir destreza superior.

Aún he de añadir otra reflexión que me ocurre. En las diversas artes y en las varias ocupaciones del espíritu, hay un grado de fuerza que es indispensable alcanzar para vivir del arte; y hay otro, superior, a que es preciso

---

5   Es muy frecuente oír a los maridos decir, en tono desdeñoso «que ellos no se molestan en pagar visitas; que eso es cuenta de su mujer».

subir para crear las obras que inmortalizan un nombre. Los que abrazan una carrera están obligados, sin excepción, a llegar al primer puesto; el otro difícilmente lo alcanzan las personas que no sienten, o no han sentido en algún momento de su vida, ardiente deseo de celebridad. De ordinario se necesita todo el picor de ese estimulante para que el hombre emprenda y lleve a cabo el arduo trabajo y la encarnizada labor que ha de imponerse el artista más rico en facultades para sobresalir en géneros ya enriquecidos con obras maestras de genios eminentísimos. Pues bien; la mujer, sea por causas artificiales, sea por naturaleza, siente rara vez el ansia de celebridad. Su ambición, generalmente, se circunscribe a límites más estrechos. La influencia a que la mujer aspira no rebasa del círculo que la rodea. Lo que anhela la mujer es agradar a quien la mira, ser amada y admirada de cerca, y se contenta casi siempre con talento, arte y conocimientos para tal efecto suficientes. Este rasgo de carácter es preciso tomarlo muy, en cuenta para juzgar a las mujeres en su ser íntimo. Yo no creo en absoluto que ese rasgo de carácter se derive de su naturaleza primordial, antes bien opino que es un resultado previsto y fatal de las circunstancias.

El amor de la gloria en el hombre es alentado y recompensado ampliamente. Óyese decir que despreciar el placer y vivir trabajando para lograr fama universal es propio de almas nobles, quizá su última flaqueza, y el hombre alardea de buscar gloria, porque al hombre la gloria le abre las puertas de la ambición y hasta le granjea el favor de las mujeres, mientras a la mujer no solo toda ambición le está vedada, sino que el deseo de fama se toma en la mujer por descaro y osadía. Además, ¿cómo no ha de concentrar la mujer todas las energías de su alma en los seres que la rodean, si la sociedad la impele y obliga a encerrarse en esos límites y la manda interesarse por ellos exclusivamente y hace que de ellos dependa toda su felicidad. El deseo natural de merecer la consideración de nuestros semejantes es tan fuerte en la mujer como en el hombre; pero la sociedad ha arreglado el asunto de tal manera, que la mujer no puede, por punto general, gozar de la consideración pública, a no ser por reflejo de su marido o de sus parientes del sexo masculino, y la mujer se expone a perder la consideración privada de su círculo, de sus amigos, de sus relaciones, cuando aspira a ser algo más que accesorio o apéndice del varón. Quien sea capaz de apreciar y comprender la influencia que ejerce sobre el espíritu de una persona su posición en la familia y en la sociedad y los hábitos de la vida social, se explicará fácilmente casi todas las aparentes diferencias entre la mujer y el hombre, y comprenderá dónde radica la supuesta inferioridad femenil.

Las diferencias morales (si por diferencias morales entendemos las que provienen de las facultades afectivas para distinguirlas de las intelectuales) suponen, según la opinión general, superioridad en la mujer. Suele asegurarse que vale más que el hombre; vana fórmula de cortesía que debe hacer asomar una sonrisa amarga a los labios de toda mujer de corazón, puesto que la situación de la mujer es la única en el mundo en que está admitido y declarado natural y conveniente un orden de cosas que somete lo mejor a lo peor y esclaviza al bueno en provecho del malo. Si para algo sirven estas inocentadas, es para demostrar que los hombres reconocen la influencia corruptora del poder; esa es la única verdad que probaría la superioridad moral de las mujeres, si existiera. Convengo en que la servidumbre corrompe menos al esclavo que al amo, excepto cuando la servidumbre ha llegado hasta el embrutecimiento. Más digno juzgo de un ser moral sufrir un yugo, aunque sea el de un poder arbitrario, que ejercer el poder sin cortapisas. Afirman que la mujer incurre rara vez en sanción penal, figura menos en la estadística del crimen que el hombre. No dudo que podrá decirse otro tanto de los esclavos negros. Los que están sometidos a la autoridad ajena no pueden cometer crímenes, como no sea por orden y para servicio de sus amos. No conozco ejemplo más notable de la ceguedad con que el mundo (y no exceptúo a la mayoría de los hombres estudiosos) desdeña y desatiende la influencia de las circunstancias sociales, que el estúpido rebajamiento de las facultades intelectuales y el necio panegírico de la naturaleza moral de la mujer.

La galantería tributada a las mujeres al adular su bondad y moralidad, puede emparejar con la acusación que se las dirige, de que ceden fácilmente a las inclinaciones de su corazón. Afírmase que la mujer no es capaz de dominar su parcialidad y apasionamiento; que en los asuntos graves sus simpatías y antipatías la falsean el juicio. Admitamos que la acusación tenga fundamento, y aún quedará por averiguar si las mujeres se extravían más a menudo por sentimientos personales que los hombres por interés.

Siendo así, la principal diferencia entre el hombre y la mujer consistiría en que el hombre sacrifica el deber del bien público ante la egolatría, mientras la mujer, a quien le está vedado atenderse a sí misma, cumple su tarea de abnegación y a ella lo pospone todo. Hay que considerar atentamente cómo la educación que se da a la mujer tiende a inculcarla el sentimiento de que no tiene deberes que cumplir sino con su familia, y especialmente con los individuos varones, y que los únicos intereses a que debe sacrificarse son los del padre, del marido, del hermano, del hijo. En cuanto a los grandes intereses colectivos y los altos fines de la moral, esos diríase que no existen para la educación femenina. Si la mujer obra apasionadamente y sin anchura de miras, es que cumple con excesiva fidelidad el único deber que se la enseña a respetar, y casi el único que se la permite practicar.

## Capítulo XXVII. Qué pensarán las odaliscas de las europeas

### Los emancipadores de la mujer han de ser varones

Cuando los que disfrutan un privilegio hacen concesiones a los que no lo gozan, casi siempre obedece a que estos últimos se encuentran con fuerzas para reclamarlo también. Es muy probable que nuestra campaña contra las prerrogativas del sexo masculino no fije la atención general, mientras pueda decirse que las mujeres no se quejan. En realidad, este hecho permite al hombre conservar años y años un privilegio injusto, pero no le quita al privilegio un átomo de su injusticia. Lo mismo exactamente puede decirse de las odaliscas encerradas en los harenes orientales; tampoco ellas se quejan de no gozar la libertad de las mujeres europeas, Añadiré que las odaliscas tienen a nuestras mujeres por unas desvergonzadas pindongas. Tampoco es frecuente que los mismos hombres se quejen del estado general de la sociedad, y menos comunes serían sus quejas si ignorasen que hay en otros puntos del globo instituciones o costumbres mejores y más sabias.

Las mujeres no se quejan de la suerte de su sexo, o, mejor dicho, se quejan, sí, porque las elegías plañideras abundan en los escritos de las mujeres, y abundaban mucho más cuando sus quejas no podían parecer alegatos en pro de la emancipación de su sexo. Esa clase de lamentaciones son como las que el hombre exhala ante las contrariedades de la vida; no tienen alcance de censuras, ni reclaman cambios y mejoras. Pero si las mujeres no se lamentan del dominio conyugal en general y como institución, cada mujer se queja aisladamente de su marido a de los maridos de sus amigas. Lo mismo se nota en los demás géneros de servidumbre, por lo menos al iniciarse el movimiento emancipador. Los siervos no suelen maldecir del poder de sus señores, sino solamente de la tiranía de alguno de ellos. El estado llano empezó por reclamar un corto número de franquicias municipales; más tarde solicitó quedar exento de todo impuesto que no aceptase voluntariamente; y, sin embargo, cuando pedía franquicias y exenciones que eran el camino de la libertad, creería cometer una demasía inaudita si pretendiese compartir la soberana autoridad del monarca, a sea el sistema constitucional. Las mujeres son hoy los únicos seres humanos en quienes la sublevación contra las leyes establecidas se mira mal, se juzga subversiva y reprobable, como en otro tiempo el que un súbdito practicase el derecho de insurrección contra su rey. La mujer que toma parte en un movimiento político o social que su marido desaprueba, se ofrece para mártir sin poder ser apóstol, porque el marido tiene poder legal para suprimir el apostolado. No es dable esperar que las mujeres se consagren a la emancipación de su sexo, mientras los varones no estén preparados para secundarlas o ponerse a su cabeza. El día llegará; pero hasta que llegue, ¡compadezcamos a la mujer generosa capaz de iniciar la redención de sus compañeras de cadena!

## Capítulo XXVIII. ¿Qué ganaremos con el cambio?

**La justicia basta. Ventajas reales. Destrucción de varias formas de tiranía. El hombre sultán y señor feudal de la mujer. Perturbación moral que de esto se deriva. La servidumbre corrompe aún más al señor que al siervo**

Hemos dejado intacta una cuestión no menos importante que las ya ventiladas, y tras de la cual pueden parapetarse los adversarios que en lo demás sientan algo quebrantadas sus convicciones. ¿Qué bienes —nos dirán— esperáis del cambio que pretendéis introducir en nuestras costumbres y en nuestras instituciones? ¿Qué gana la humanidad con la libertad de la mujer? Y si nada gana, ¿a qué perturbar su espíritu e intentar una revolución social en nombre de un derecho abstracto?

Confieso que no temo que pongan este óbice al cambio de la condición de la mujer en la vida conyugal. Los sufrimientos, las inmoralidades, los males de toda especie que continuamente presenciamos y se deben a la sumisión de una mujer a un hombre, son harto espantosos y visibles para que nadie los niegue. Las personas irreflexivas a poco sinceras, que solo admiten y hacen cuenta de los casos que salen a luz con escándalo y bulla, pueden decir que el mal es acontecimiento excepcional y rarísimo; pero nadie que medite y hable con rectitud y verdad, desconoce la intensidad de este daño y el peso de esta iniquidad enorme. Es evidente que los abusos del poder marital no hay ley que los reprima, mientras el tal poder subsista y se ejerza. No se les concede solo a los varones justos y a los meramente respetables: este poder ilimitado es patrimonio de todos los hombres, hasta los más bárbaros y criminales, que no tienen ningún freno para contener el abuso, a no ser el de la opinión; y para tales seres, no hay mis opinión que la de sus semejantes, que aprueba la tiranía porque es capaz de ejercerla. Si hombres de esa calaña no tiranizasen cruelmente a la persona a quien la ley obliga a soportarlo todo, la sociedad ya sería un paraíso. No tendríamos necesidad de leyes que refrenasen las inclinaciones viciosas de los hombres. No solo diríamos que había regresado Astrea a la tierra, sino que poseía un templo en el corazón de los malvados y de los imbéciles.

La ley de la servidumbre en el matrimonio es una monstruosa contradicción, un mentís a todos los principios fundamentales de la sociedad moderna y a toda la experiencia en que se apoyó para deducirlos y aplicarlos. Aparte de la esclavitud de los negros, hoy abolida, es el único ejemplo en que vemos a un miembro de la humanidad, en la plenitud de sus facultades intelectuales, entregado a merced de otro, sin más garantía que la esperanza de que éste hará uso de su poder constantemente en bien de la sierva. El matrimonio es la única forma de servidumbre admitida ya por nuestras leyes. No hay más esclavos legalmente reconocidos sino las amas de casa.

No temo, pues, que en esta cuestión de la autoridad conyugal me objeten el cui bono. Lo único que me dirán (¡valiente argumento!) es que si hay maridos insufribles, los hay también muy corteses y afables, y váyase lo uno por lo otro. Pero, respecto a la cuestión de mayor alcance, la de la supresión de toda incapacidad legal de la mujer y reconocimiento de la igualdad de los sexos en cuanto se relaciona con los derechos de ciudadanía, la admisión a todos los empleos honrosos y a la educación y preparación adecuada para estos empleos, ya sé yo que habrá mucha gente que, no bastándole el que la desigualdad sea irracional y absurda, exigirá que les demostremos las ventajas que se obtendrían aboliéndola.

Respondo que desde luego se obtendría la ventaja más universal: la de regirse por la justicia en vez de acatar la injusticia y elevarla a institución. No hay explicación ni ejemplo que equivalga a esta afirmación, donde se encierra un sentido moral resplandeciente. ¿No hemos de aspirar a la justicia? ¿No es la justicia norte de la humanidad ilustrada, consciente, civilizada en fin? Todas las inclinaciones egoístas, la autolatría, la absorbente y caprichosa personalidad del tiranuelo que tan presto aparece bajo el hombre, se originan y fundan en la organización de las relaciones actuales entre el hombre y la mujer; ahí hallan campo abierto los peores instintos humanos.

Representaos la perturbación moral del mocito que llega a la edad viril en la creencia que, sin mérito alguno, sin haber hecho nada que valga dos cuartos, aunque sea el más frívolo y el más idiota de los hombres, por virtud de su nacimiento, por ley sálica, por la potencia masculina, derivada de la cooperación a una función fisiológica, es superior en derecho a toda una mitad del género humano sin excepción, aun cuando en esa mitad se encuentren comprendidas personas que en inteligencia, carácter, educación, virtud o dotes artísticas le son infinitamente superiores.

Bien puede suceder que este mozo se entregue a la dirección e influjo de una mujer; solo que, si es tonto, seguirá creyendo que esa mujer no es ni puede ser su igual en capacidad y en juicio; y si no es tonto, peor que peor, reconocerá la superioridad de la mujer, y sin embargo seguirá creyendo a pies juntillas que, no obstante esta superioridad, tiene el derecho de mandar y ella está obligada a obedecerle. ¿Qué efecto deletéreo no producirá esta iniquidad sobre su carácter?

Toda persona realmente ilustrada comprende los efectos corruptores del despotismo. De hecho, entre las personas de buen sentido y bien educadas, está suprimida la imagen de la desigualdad, particularmente en presencia de los hijos: a éstos se les exige igual obediencia a su madre que a su padre, no se permite a los muchachos echársela de mandones con sus hermanas; se les acostumbra a que sus hermanas gocen de igual consideración que ellos,[6] y hasta se desarrollan en los chicos sentimientos caballerescos, tapando y encubriendo con esa mampara la servidumbre, que es madre de lo que llamamos galantería. Los mocitos bien educados de las clases superiores evitan así la influencia inmoral de la desigualdad en sus primeros años, y no la ven de realce sino cuando llegan a la edad viril, cuando entran en la vida real y aspiran al matrimonio. Nadie sabe, así y todo, cómo las diferencias: entre la educación masculina y la femenina desarrollan y robustecen la noción de superioridad personal del muchacho sobre la muchacha; cómo se agranda y fortalece esta noción a medida que el adolescente crece y echa barba; cómo un escolar la inculca a otro; cómo el joven aprende pronto a considerarse superior a su madre, a quien consagra un culto poético, exagerado y romántico, y cuidados y cariño, pero ningún respeto real, y cómo

---

6    Esto será en la educación inglesa general, y en la española no diré que no suceda entre gente muy discreta y fina, pero no deja de ser frecuente el oír, en conversaciones familiares, frases y conceptos que afirman la superioridad del niño sobre sus hermanas. El niño sale solo desde los doce o trece años, mientras sus hermanas no dan solas ni un paso por la calle, al niño se le permiten libros, a las niñas se les esconden; y no hablo de otras mil franquicias que se derivan de la malísima educación viril española, pues hasta la edad de razón ni niños ni niñas deben poseer libertad, y después deben poseerla todos.

se penetra de majestuosos sentimientos sultanianos hacia la mujer a quien concede el honor de compartir su existencia.

¿Habrá quién niegue que este criterio corrompe al hombre, a la vez como individuo y como miembro de la sociedad? Cada varón es un rey de derecho divino que se juzga dueño y señor por ley de nacimiento, o un noble que se impone a los plebeyos porque su sangre es azul y dorado su blasón. La relación del marido con la mujer se parece mucho a la del señor con sus vasallos; solo que la mujer está obligada a mayor obediencia todavía para con su marido, de lo que nunca estuvo el vasallo con el señor feudal. Hoy vemos clara como la luz la degradación del carácter del siervo por efecto de la servidumbre y la perversión del carácter del señor, ya porque considerase a sus vasallos inferiores a él, ya sea que se creyese dueño y árbitro de hombres que ante la conciencia eran sus iguales, sujetos a él sin haberlo merecido, y únicamente, como decía *Fígaro*, «por haberse tomado el señor la molestia de nacer». El culto que el monarca o el señor feudal se tributaron a sí propios es muy análogo al culto que el macho se consagra y a la apoteosis que hace, con arrogancia cómica, de su masculinidad.

No se educa a los hombres desde su niñez investiéndoles de prerrogativas que no han merecido sin que se enorgullezcan y perturben. Los que, gozando de privilegios no adquiridos por sus méritos, comprenden que tales privilegios en nada se fundan, y se hacen modestos y equitativos con la mujer, son los menos, y pertenecen al corto número de los escogidos. Los demás están hinchados de orgullo, orgullo de la peor especie, que consiste en envanecerse, no de sus propias acciones y merecimientos, sino de ventajas debidas a la casualidad. Los varones cuyo carácter es honrado y tierno, al sentirse investidos de dominio sobre media humanidad y poseedores de autoridad sobre un ser humano, aprenden el arte de los miramientos delicados y afectuosos; en cambio, los hombres de mal carácter tienen en el ejercicio de la autoridad academia donde aprender a encocorar al prójimo. Con los demás hombres, sus iguales en derecho, reprimirán la impertinencia, porque temerán que les manden, y con razón, a paseo; ya se desquitarán con las mujeres, cuya posición las obliga a tolerarles, y se vengarán sobre una desgraciada esposa de la represión y moderación que se impusieron a cada instante fuera de casa. El ejemplo y dirección que imprime a los sentimientos la vida doméstica, basada en relaciones que contradicen los principios más elementales de la justicia social, en virtud de la naturaleza del hombre ejercen a la larga influencia desmoralizadora tan considerable, que no podemos, dada nuestra experiencia actual, remontar la imaginación hasta concebir la inmensidad de beneficios que obtendría la humanidad con la supresión de la desigualdad de sexos. Cuanto obren la educación y la civilización para suavizar el influjo de la ley de la fuerza sobre el carácter, reemplazándola por la de justicia, no pasará de la superficie, mientras no se ataque la ciudadela del enemigo, que es esta desigualdad entre el hombre y la mujer.

La raíz del movimiento moderno, en moral y política, es esta máxima: la conducta y solo la conducta da derecho al respeto; en lo que el hombre ejecuta, no en lo que es por nacimiento, se funda su derecho a la consideración pública; y el mérito, no el nacimiento, aceptamos por único título legítimo al ejercicio del poder y la autoridad. Si nunca un individuo ejerciese sobre otro autoridad que no fuese temporal y pasajera, no se dedicaría la hipócrita sociedad a halagar con una mano inclinaciones que reprime con la otra; por vez primera el niño aprendería a caminar rectamente y a no encontrar a su paso anomalías que vician su juicio y su corazón. Pero mientras el derecho del fuerte a oprimir al débil arraigue en la medula de la sociedad, habrá luchas que sostener y dolorosos esfuerzos que realizar para fundar definitivamente las relaciones humanas en el principio de que el débil tiene los mismos derechos que el fuerte; y mientras esto no suceda, la ley de justicia, que es también la del cristianismo, no reinará sobre el espíritu del hombre, que la combate hasta cuando finge acatarla.

## Capítulo XXIX. Otro beneficio la libertad

### Cálculo de sus productos por partida doble. Influencia de la mujer en la conducta del hombre. Influencia de formación de las madres

El segundo beneficio que se puede esperar de la libertad concedida a la mujer para usar de sus facultades, permitiéndola escoger libremente la manera de emplearlas, abriéndola los mismos horizontes y ofreciéndola iguales premios que al hombre, sería duplicar la suma de facultades intelectuales que la humanidad utiliza para su servicio. Así se duplicaría la cifra actual de las personas que trabajan en bien de la especie humana y fomentan el progreso general de la enseñanza pública, de la administración, de todo ramo de los negocios públicos o sociales.

Al presente, las capacidades y aptitudes escasean, la oferta de sujetos aptos es totalmente inferior a la demanda; hay penuria de sujetos dispuestos a desempeñar bien cargos que exigen gran destreza, y no creo que debamos permitirnos el lujo de arrinconar la mitad de las aptitudes rechazando las que brinda la mujer. Cierto que esta mitad no se pierde del todo. Gran parte está dedicada, y seguirá estándolo, al gobierno de la casa y a algunas ocupaciones más, que ya son accesibles a la mujer; el resto se beneficia indirectamente, en mucha parte en forma de influencia personal de una mujer sobre un hombre. Pero estas ganancias son excepcionales, su alcance extremadamente limitado; y si tendríamos que restarlas de la suma de potencia nueva que el mundo adquiriría con el desestanco de la mitad del entendimiento humano, por otro lado hay que sumar con el total el beneficio del estímulo que activaría, por la competencia, el ingenio del varón, o, para servirme de una expresión más exacta, por la necesidad que se le impondría de merecer el mejor puesto antes de obtenerle. Este gran incremento del poder intelectual de la especie y de la suma de inteligencia disponible para la hábil gestión de los negocios resultaría, en parte, de la educación más rica y completa de las facultades intelectuales de la mujer, perfeccionadas parí passu con las del hombre; mediante lo cual serían las mujeres tan capaces para entender de comercio, política y altas cuestiones de filosofía, como los hombres de su misma categoría social. Así, el corto número de personas que componen la flor y nata de ambos sexos y son capaces, no solamente de comprender los actos y pensamientos ajenos, sino de pensar y de hacer por cuenta propia algo digno de atención, encontraría facilidad para beneficiar sus felices disposiciones y les sacarían todo el jugo. La extensión de la esfera de actividad de las mujeres produciría el excelente resultado de elevar su educación al nivel de la del hombre y hacer partícipe de su mejoramiento a todo el género humano. Y dejando a un lado la utilidad: con solo remover la barrera, difundiríamos una altísima enseñanza.

Aunque solo sirviese para desterrar la idea de que las cimas del pensamiento y de la acción, todo lo que rebasa de la esfera del interés privado y entra en el general, pertenece exclusivamente al hombre, y que las mujeres ahí son siervas a intrusas; aunque solo diese por fruto el inspirar a la mujer la conciencia de que es persona como las demás, con igual derecho a elegir carrera, con las mismas razones para interesarse en cuanto interesa a los humanos, pudiendo ejercer en los asuntos humanos la parte de influencia que corresponde a toda opinión individual, bastaría ya para determinar poderosa y brillante expansión de las facultades de la mujer, y al mismo tiempo para elevar el nivel de sus sentimientos morales.

No solo aumentaría el número de las personas de talento aptas para el manejo de los negocios humanos (y no andamos tan sobrados de ellas en el actual rebajamiento de caracteres e invasión de las medianías, que podamos prescindir del contingente que aportaría la mujer), sino que la opinión femenina tendría influencia de mejoramiento, más aún que influencia de incremento, sobre el conjunto de los sentimientos y de las creencias del hombre. Digo mejoramiento en vez de incremento, porque la influencia general de las mujeres sobre el conjunto de la opinión, ha sido siempre considerable, o por lo menos se ve que lo fue desde los primeros tiempos de la historia. La influencia de las madres en la formación del carácter de sus hijos y el deseo de los muchachos de lucirse ante las mocitas, han ejercido en todas partes, y desde que hay memoria, acción fortísima sobre el carácter masculino, apresurando los más trascendentales progresos de la civilización. Ya en la época en que florecía Homero reconoció la Musa este poderoso móvil y lo cantó en versos bellísimos. Por algo dijo Coriolano:

«.....................................
  ¡Oh mujeres!
¡Oh, con cuántas prontitudes
Vuestra voz en nuestros pechos
El bien y el mal introduce!
.....................................»

## Capítulo XXX. Modos de ejercerse la influencia

### Orígenes del espíritu caballeresco. Si continúa la servidumbre de la mujer, es de lamentar que el espíritu caballeresco haya desaparecido

La influencia moral de las mujeres se ejercitó de dos maneras distintas. Al principio endulzó las costumbres. Como más expuestas a ser víctimas de la violencia, las mujeres pusieron todo su conato en atenuarla y corregirla, moderando sus excesos; apartada de las guerras, la mujer se inclinó a la suavidad y maña para congraciarse con el hombre, sin recurrir a luchas ni a medios coercitivos. En genera, las personas que más se han visto precisadas a sufrir los arrebatos de una pasión egoísta, son las más firmes defensoras de toda ley moral que sirva de freno a la pasión. Las mujeres concurrieron poderosamente a difundir entre los conquistadores bárbaros la religión cristiana, religión mucho más favorable a la mujer que todas cuantas la habían precedido. Puede decirse que las mujeres de Edelberto y de Clodoveo fueron las iniciadoras de la conversión de los anglosajones y de los francos.

También por otro estilo ha ejercido notable influjo la opinión de las mujeres, sirviendo de activo estimulante a todas las cualidades viriles que no cultivó la mujer, pero que la convenían en su protector y dueño. El valor y las virtudes militares se fortificaron por el anhelo que siente el hombre de infundir admiración a la mujer, y no solo en las cualidades heroicas, sino en otras de distinto orden, funciona el estímulo femenil, puesto que, por natural resultado de la situación de inferioridad de la mujer, el mejor medio de fascinarla y conquistarla es ocupar puesto eminente en sociedad, coronarse con la gloria a subirse al pedestal de la grandeza.

De la acción combinada de estas dos clases de influencia nació el espíritu de la caballería, cuyo carácter era fundir, con el tipo más elevado de las cualidades guerreras, virtudes de otro género muy distinto, la dulzura, la generosidad, la abnegación, la caridad con los humildes e indefensos, y una sumisión especial a la mujer y un culto rendido a su sexo, distinguiéndose la mujer de los otros seres inermes y necesitados de protección, en que podía otorgar alta recompensa voluntaria a los que se esmeraban en merecer sus favores, en vez de imponerse con violencia, ejerciendo el derecho viril. Ello es que la caballería no acertó a llegar al pináculo de su tipo ideal, y distó de él todo lo que va de la práctica a la teoría; no obstante, el espíritu caballeresco es monumento precioso de la historia moral de nuestra raza, ejemplo notable de una tentativa organizada y concertada dentro de una sociedad en anárquico desorden, para proclamar y encarnar un ideal moral muy superior al de su constitución social y a las instituciones de entonces: por eso cabalmente se frustró la caballería; mas no puede decirse que haya sido enteramente estéril, puesto que imprimió huella muy sensible y de alto valor en las ideas y sentimientos de las generaciones postcaballerescas.

El ideal de la caballería es el apogeo de la influencia del sentimiento femenino en la cultura moral de la humanidad. Si al fin continúan las mujeres en la misma servidumbre, declaro que debemos lamentar que el tipo caballeresco haya desaparecido, porque solo él podría moderar la influencia desmoralizadora de la esclavitud de media humanidad. Pero después de los cambios generales históricos, de la evolución que nos arrastra, era inevitable que otro ideal moral bien diverso sustituyese al ideal de la caballería.

Esta fue un generoso esfuerzo encaminado a introducir elementos morales en un estado social donde todo se fiaba, para mal o para bien, al valor, a la iniciativa del individuo sin ley ni freno, y la caballería era un freno de poética generosidad, una regla interior, casi mística, realmente bienhechora. En las sociedades modernas, ni aun los asuntos bélicos penden del esfuerzo individual, sino de la acción combinada de gran número de individuos; además, la tarea principal de la sociedad ya no es guerrear sin descanso; la lucha armada ha cedido el puesto a la industria, el régimen militar al régimen productor. Las exigencias de la vida nueva no excluyen la generosidad más de lo que pudieron excluirla las antiguas, pero limitan su esfera de acción; los verdaderos fundamentos de la vida moral en los tiempos modernos, son o deben ser la justicia y la prudencia; el respeto de cada uno al derecho de todos, y la aptitud de cada cual para mirar por sí y bandeárselas. La caballería no puso impedimento legal a ninguna de las formas del mal o del abuso que descollaban libres e impunes en todas las esferas de la sociedad; se contentaba con inspirar ideas muy refinadas del bien a algunos hombres, y sublimizarlos, valiéndose para ello de la alabanza y de la admiración femenina.

Mas la fuerza de la moralidad reside en la sanción penal de que está armada: ahí radica su vigor y su eficacia continua. La seguridad social no podría descansar en tan inseguros cimientos como la honra que gana un caballero enderezando tuertos y descabezando vestiglos: este linaje de recompensa no influye en las muchedumbres como el temor y la fuerza de la organización y mecánica social. La sociedad moderna es capaz de reprimir el mal en todos sus miembros, utilizando la fuerza superior que la civilización pone en sus manos; la sociedad moderna puede hacer tolerable la existencia a los desvalidos y débiles (bajo la protección universal e imparcial de la ley) sin que la debilidad busque el amparo de los sentimientos caballerescos, que podrán alentar o no alentar en el alma de los opresores. No ha de negarse la belleza y gracia del carácter caballeresco, pero los derechos del desvalido y el bienestar general se apoyan en más recio cimiento. Digo en otros terrenos, pues no ocurre así en la vida conyugal.

## Capítulo XXXI. Actual disminución de la influencia femenina

### Hasta qué punto es benéfica. Por qué no puede la mujer apreciar ni fomentar las virtudes sociales. La mujer y la beneficencia

Hoy en día sigue siendo muy real y positiva la influencia moral de la mujer, pero es menos concreta, peor definida, y sin duda pesa poquísimo en la opinión pública. La simpatía, la comunicación y el deseo que tienen los hombres de brillar ante la mujer, dan a los sentimientos femeninos gran influencia, en que aparecen residuos del ideal caballeresco cultivando los sentimientos levantados y generosos y continuando aquella tradición nobilísima. El ideal de la mujer es quizá, en este respecto, superior al del hombre; en el de la justicia es, sin género de duda, inferior.

En cuanto a las relaciones de la vida privada, decirse puede en tesis general que la mujer fomenta la humanidad y la ternura, y ataca la austeridad y el cumplimiento del deber, admitiendo yo que esta proposición se atenúa con todas las excepciones que da de sí la variedad y complejidad de los caracteres. En los mayores conflictos con que batalla la virtud en este mundo, los choques del interés con los principios, la influencia de la mujer es incierta y variable. Si el principio que lucha con el interés está incluido en el corto número de los que la educación moral y religiosa grabó en la conciencia femenina, la mujer es auxiliar poderoso de la virtud y suele impulsar al marido y al hijo a actos de abnegación que ellos solos no cumplirían jamás. Pero dada la actual educación de la mujer y su posición social, los principios morales que se les inculcan no abarcan sino una porción relativamente mínima de los dominios de la virtud; además, los principios que se enseñan a la mujer son en su mayor parte negativos; prohíben esto, aquello o lo de más allá, pero no se meten en imprimir dirección general a los pensamientos y a las acciones de la mujer. Con dolor lo confieso: el desinterés de la conducta, la consagración de nuestras fuerzas a fines que no reportan a la familia ninguna especial ventaja, rara vez encuentran aprobación en las mujeres. Mas ¿qué derecho tenemos a censurarlas porque no estiman ciertos fines cuya trascendencia ignoran, y que para ellas no tienen más trascendencia que sacar de casa a sus maridos y relegar a segundo término los intereses caseros y familiares?

En suma, la influencia de las mujeres dista mucho de fomentar las virtudes políticas.

Alguna influencia ejerce, no obstante, la mujer en la moralidad política, desde que su esfera de acción se ha ensanchado un poco. Su influencia se manifiesta de realce en dos rasgos de los más admirables y simpáticos de la vida moderna en Europa: la aversión a la guerra y el amor a la filantropía. ¡Excelente manifestación del influjo femenil! Por desgracia, si el ascendiente de las mujeres merece elogios en cuanto propaga tales sentimientos, no siempre acierta en dirigir su marcha y desarrollo. En las cuestiones filantrópicas, los ramos que cultiva la mujer con mayor celo son el proselitismo religioso y la beneficencia. El proselitismo religioso no es más que soplar sobre el fuego de la intolerancia y del fanatismo, y camina en línea recta, sin advertir los efectos funestos que hasta en la misma religión causan los medios que emplea. En cuanto a la beneficencia, ya sabemos que están en abierta contradicción sus efectos inmediatos sobre las personas socorridas y sus consecuencias para el bien general.

La educación que se da a las mujeres y que obra sobre el corazón más que sobre la inteligencia y la costumbre, fruto de todas las circunstancias de su vida, de considerar los efectos inmediatos en el individuo y no los efectos generales en la sociedad, estorban a la mujer para que vea y reconozca las tendencias, en el fondo perniciosas, de una forma benéfica que lisonjea el sentimiento y dilata y recrea el corazón. La masa enorme y siempre creciente de sentimientos ciegos, dirigidos por gentes miopes que solo aspiran a hacer papel de Providencia, tomando a su cargo la vida y las acciones del pobre, mina los verdaderos fundamentos de las tres reglas morales, que consisten en respetarse a sí mismo, en contar consigo mismo y en ejercer imperio sobre sí mismo, condiciones esenciales de la prosperidad del individuo y de la virtud social. La acción directa de las mujeres y su cooperación agravan sin tino ese despilfarro de recursos y de benevolencia que produce males, proponiéndose engendrar bienes. No es mi ánimo acusar a las señoras que dirigen instituciones de beneficencia, ni presentarlas subyugadas por este error. Suele suceder que las mujeres, al llevar a la administración de la beneficencia pública su peculiar observación de los hechos inmediatos, y sobre todo de alma y sentimientos de aquellos con quienes están en contacto frecuente (observación en que las mujeres son generalmente superiores a los hombres), reconocen sin vacilar la acción desmoralizadora de la limosna y de los socorros; y al reconocerla, se muestran más linces que muchos economistas del sexo fuerte. Pero la mujer que se limita a repartir socorros y no se para a examinar los efectos que producen, ¿cómo ha de precaverlos? Una mujer nacida en la actual situación femenina y que no aspira a más, ¿cómo ha de poder estimar el valor moral de la independencia? Ni es independiente ni aprendió a serlo; su destino es esperarlo todo de los demás; ¿por qué, pues, lo que es bueno para ella no lo ha de ser para los pobres? A la mujer se la aparece el bien bajo una sola forma, la de un beneficio que otorga un superior. Ella olvida que no es libre y que los pobres lo son; que si se les da lo que necesitan sin que lo ganen, no están obligados a ganarlo; que todos no pueden ser objeto de los cuidados de todos, antes es preciso que las gentes cuiden de sí mismas, y que solo una caridad es caridad de veras y es digna por sus resultados de este nombre sublime: la que ayuda a las gentes a ayudarse ellas, si no están físicamente impedidas para valerse y salir del atolladero.

## Capítulo XXXII. Como mejoraría la influencia femenina

### Rémora de la familia. La mujer tiene, hoy por hoy, que anteponer a todo la consideración social. Las ideas generales no le son accesibles. La medianía del comme il faut

Estas consideraciones demuestran cuánto mejoraría la parte que corresponde a la mujer en la formación de la opinión general, si la instruyesen más ampliamente y la diesen conocimiento práctico de las materias en que la opinión femenina puede influir: éste sería uno de los frutos sabrosos de su emancipación social y política; y aún resultaría más patente la mejora que produciría la emancipación por la influencia que toda mujer ejerce en su familia.

Suele decirse que en las clases más expuestas a la tentación, el hombre se contiene en los límites de la honradez, por su mujer y sus hijos, merced a la influencia de la primera y al honor de los segundos. Acaso será así, y sobre todo en aquellos más débiles que malos: esta acción bienhechora se conservaría y fortificaría con leyes de igualdad. No la fomenta la servidumbre de la mujer, por el contrario, la enflaquece el desdén que los hombres inferiores sienten siempre en el fondo de su corazón hacia los que están sometidos a su poderío. Si nos elevamos en la escala social, llegamos a una clase donde imperan móviles muy distintos. La influencia de la mujer tiende efectivamente a impedir que el marido aparezca inferior al tipo que en el país obtiene la aprobación general; pero también le veda que se eleve más allá de esta línea. La mujer es colaboradora de la opinión pública vulgar. Un hombre casado con una mujer inferior a él en inteligencia, la siente pesar como una bala de cañón colgada del pie; encuentra en ella una fuerza de resistencia que vencer cada vez que aspira a ser mejor, más grande de lo que la opinión pública exige. No es posible que un hombre encadenado de tal suerte alcance un grado muy eminente de virtud. Si desdeña la opinión de la multitud, si conoce verdades que ésta no ve, si siente en su corazón la actividad de principios que a los demás no les pasan de la boca; si quiere dar a su conciencia más de lo que se acostumbra entre las gentes, hallará en el matrimonio rémora tristísima —a no ser que su esposa, por rara casualidad, también se eleve sobre el nivel común.

144

El hombre justo tiene siempre que sacrificar algo de sus intereses, ya sea en las relaciones, ya en la fortuna; tal vez necesitará hasta arriesgarse a comprometer sus medios de existencia. Tales riesgos, tales sacrificios los afrontaría si no se tratase más que de sí propio; pero antes de imponerlos a su familia, ha de tentarse la ropa. Su familia, es decir, su mujer y sus hijas; porque de los hijos espera que compartan sus sentimientos y que siempre puedan vencer la adversidad... Al fin son hombres. ¡Pero las hijas! De la conducta del padre pende que encuentren marido; su mujer es incapaz de darse cuenta del valor de una idea a que sacrifica el bienestar; si acepta la idea, es mediante la fe, por confianza y amor al marido; él no puede compartir entusiasmos ni luchas de la conciencia, solo ve que se compromete lo que más importa, lo positivo. ¿Verdad que el hombre más recto y desinteresado ha de titubear antes de imponer a su esposa las consecuencias de una convicción ardiente? Aunque no se tratase de echar por la ventana el bienestar de la vida, sino la consideración social, no podría con el peso que iba a abrumar su conciencia. ¡Quien posee mujer e hijos, ha dado rehenes a la opinión del mundo! La aprobación de la muchedumbre puede ser indiferente al hombre honrado, pero a la mujer le importa muchísimo. El hombre puede sobreponerse a la tornadiza opinión, o consolarse de los errores del vulgo, con la aprobación de los que piensan y valen; pero ¡valiente compensación para su mujer y sus hijas!

Se ha reprochado a la mujer la tendencia constante a poner su influjo al servicio de la consideración mundana, y esta tendencia se ha calificado de debilidad pueril. ¡Injusta acusación! La sociedad hace de la vida entera de las mujeres de las clases acomodadas un sacrificio perpetuo a la exterioridad; exige que la mujer comprima sin tregua sus inclinaciones naturales, y a cambio de lo que no vacilo en calificar de martirio, no la da más que una recompensa; la consideración. Pero la consideración de la mujer es inseparable de la del marido; y después de haberla comprado y pagado tan cara, se ve privada de ella por motivos cuya trascendencia no entiende. Ha sacrificado toda su vida; ¿por qué razón su marido no ha de sacrificar en bien de la familia una genialidad, una rareza, una extravagancia que el mundo ni admite ni reconoce, que es para el mundo una locura... o algo peor?

El dilema, sobre todo, es cruel para aquel linaje de hombres de bien, que sin poseer el talento necesario para figurar entre los que comparten sus opiniones, las sostienen por convicción, se sienten obligados a servirlas por honor y conciencia, a hacer profesión de su fe, a sacrificarla tiempo y trabajo, y a contribuir a cuanto se emprenda en favor de ella. Su posición es más embarazosa aún cuando estos hombres pertenecen a una clase u ocupan una posición que ni les cierra herméticamente ni les abre de par en par las puertas de eso que suele llamarse el gran mundo. Cuando su ingreso en este elevado círculo está pendiente de su fama de corrección, por esmerada que sea su educación y honestas sus costumbres, si tienen opiniones y se muestran en política insubordinados y rebeldes, basta para merecer la exclusión y el desdén de la high life. Muchas mujeres se jactan (y suelen estar en un error) de que les sería fácil a ellas y a sus maridos penetrar en la alta crema, donde se han introducido fácilmente personas que ellas conocen mucho, y que no descienden de ningún Godofredo de Bouillon; pero es el caso que los maridos de estas jactanciosas pertenecen a una iglesia disidente, o militan en la política radical, por mal nombre demagógica, y esto es lo que, según dicen ellas, impide a sus hijos que alcancen un buen destino, o asciendan en el ejército, a sus hijas que encuentren buenos partidos, a ellas y a sus esposos recibir invitaciones y hasta títulos, pues no hay otra razón, ni tiene nadie por qué escupirles. Considérese el tremendo peso de este orden de ideas en el hogar, ya domine abiertamente, ya lo encubra la vanidad lastimada, pero despierta, y se comprenderá que la sociedad está empantanada en la medianía del comme il faut, que es ya la característica de los tiempos modernos.

## Capítulo XXXIII. Imposibilidad de la fusión de los espíritus en el matrimonio actual

**Razones porque los maridos combaten la influencia de los confesores. La transigencia mutua del matrimonio. Hoy el acuerdo se consigue por nulidad y apatía de la esposa. La red que teje el cariño**

Hay otro lado desagradable que merece la pena de estudiarse en sus efectos, no directamente por las incapacidades de la mujer, sino por la gran diferencia que estas incapacidades crean entre su educación y su carácter de una parte, y la educación y el carácter del hombre por otra. Nada más desfavorable a la unidad de espíritus y sentimientos, que es el ideal del matrimonio. Una asociación íntima entre personas radicalmente distintas, es puro sueño. La diferencia puede atraer; pero lo que retiene es la semejanza, y por razón de la semejanza que entre ambos existe son felices los consortes. Mientras la mujer se diferencie tanto del hombre en la entraña, en lo profundo, ¿qué mucho que los hombres egoístas sientan la necesidad de ser dueños de un poder arbitrario, para tener la panacea de todo conflicto, decidiendo la cuestión en el sentido de sus preferencias personales? Cuando las personas no se parecen, no tienen afinidad, mal puede haber entre ellas identidad real de intereses y aspiraciones. Y de hecho, entre los cónyuges suelen existir diversidades hondísimas en el modo de ver, de pensar y entender las más altas cuestiones morales.

¿Qué es una unión conyugal donde semejantes disentimientos pueden producirse? Y sin embargo, se producen doquiera, si la mujer tiene serias condiciones, y se ve obligada a ocultarlas por obediencia. El caso es muy frecuente en los países católicos, donde la mujer, desacorde con el marido, busca apoyo en la otra autoridad ante la cual aprendió a doblegarse. Los escritores protestantes y liberales, con la impavidez del poder que no está acostumbrado a que nadie se le subleve, atacan la influencia del sacerdote sobre la mujer, menos porque es mala en sí, que porque es una rival de la infalibilidad del marido y excita a la mujer a la rebelión. En Inglaterra surgen conflictos análogos cuando una mujer evangelista torna por marido a un hombre que profesa otras creencias religiosas. Pero en general se combate esta causa de disensión, reduciendo el espíritu de la mujer a tal nulidad, que no cabe en él otra opinión sino la que el mundo o el marido les imbuye.

Aunque no haya diferencia de opinión, la diversidad de gustos puede anublar la dicha del matrimonio. Nuestra organización social estimula y embravece las inclinaciones amatorias del hombre, pero no prepara la felicidad conyugal al exagerar, por diferencias de educación, las que naturalmente pueden resultar de la diferencia de sexo. Si los esposos son personas bien educadas y de buena conducta, muestran tolerancia y no se estorban en sus aficiones; pero ¿qué hombre se casa con propósitos de tolerancia? La diversidad de gustos trae consigo la oposición de deseos en casi todas las cuestiones interiores, a no reprimir el capricho la fuerza del afecto o del deber. Los dos cónyuges querrán tal vez frecuentar distinta sociedad o tratar con distintas personas. Cada cual buscará amigos que tengan sus mismos gustos, los que sean gratos al uno serán indiferentes o muy ingratos al otro; no es posible, sin embargo, que los esposos no admitan recíprocamente sus respectivos amigos, ni que vivan en habitaciones separadas de la misma casa, ni que reciban cada cual distintas visitas, como en tiempo de Luis XV. No pueden menos de disentir respecto a la educación de los hijos; cada cual quiere ver reproducidos en sus hijos sus propios sentimientos; tal vez harán un pacto, en que se transija a partes iguales, o cederá la mujer, bien a pesar suyo, ya renunciando sinceramente a sus derechos, ya reservándose el de intrigar bajo cuerda contra las ideas del esposo.

Sería insensatez afirmar que estas diferencias de sentimientos e inclinaciones no existen sino porque las mujeres están educadas de distinto modo que los hombres, y jurar que, en otras circunstancias, habría una conformidad absoluta. Lo que indico es que estas diferencias naturales las agrava la educación artificial, que las hace irremediables e invencibles. Merced a la educación que recibe la mujer, rara vez pueden los cónyuges unirse en simpatía real de gustos y deseos en las cuestiones diarias. Deben resignarse a discordia perpetua y renunciar a encontrar en el compañero de su vida ese idem velle e idem nolle, lazo de unión de toda asociación verdadera; pues hoy, si el hombre logra tal acuerdo, es escogiendo una mujer de absoluta nulidad que no tenga ni velle ni nolle, y esté siempre dispuesta a ir por donde la manden y a poner la cara que el marido determine.

Este mismo cálculo puede salir fallido; la estupidez y la debilidad no son nunca prenda de la deseada sumisión. Pero aunque así fuera, ¿es ese el ideal del matrimonio? ¿Logra así el hombre más que una criada a una querida? Por el contrario, cuando un varón y una hembra tienen personalidad, carácter y valía; cuando se unen de todo corazón y no son los polos opuestos, la colaboración diaria de la vida, ayudada por la simpatía mutua, desarrolla los gérmenes de las aptitudes de cada cual para abarcar las tareas del compañero, y poco a poco engendra paridad de gustos y de genios, enriqueciendo ambas naturalezas y sumando a las facultades de la una las de la otra. Esto ocurre a menudo entre amigos del mismo sexo que viven mucho tiempo juntos, y sería más frecuente en el matrimonio si la educación completamente distinta de los dos sexos no hiciese casi imposible la armonía del alma y de la inteligencia.

Una vez extirpado el mal, cualesquiera que fuesen las diferencias de gustos que dividen a los esposos, habría en general unanimidad de miras para las grandes cuestiones de la vida. Cuando ambos cónyuges se interesan igualmente por esas magnas cuestiones, se prestan mutuo auxilio y se animan y confortan; los demás puntos en que sus inclinaciones difieren les parecen secundarios; hay base para una amistad sólida y permanente, red sutil de cariño y adhesión que hará a cada uno de los cónyuges anteponer a la suya la voluntad del otro.

## Capítulo XXXIV. La mujer disminuye al marido

**El ser inferior rebaja al superior, cuando viven juntos.
Efectos de la compañía y trato de la mujer, dado el nivel de
cultura que hoy alcanza. Ideal del matrimonio**

Hasta aquí solo he tratado de la merma que ocasiona en la dicha y bienestar conyugal la diferencia entre la mujer y el marido; pero hay algo que agrava y complica el problema de la desemejanza, y es la inferioridad. Si la desemejanza no consistiese más que en diferencias entre buenas cualidades, quizás sería benéfica, favoreciendo el desarrollo de la virtud por el contraste y el ejemplo. Cuando los dos esposos rivalizan, deseosos de adquirir los dones que les faltan, la diferencia que persiste no produce diversidad de intereses, antes hace más perfecta la identidad y engrandece el papel que cada cual desempeña para contento y felicidad del otro. Pero cuando uno de los esposos es inferior al otro en capacidad mental y en educación, y el superior no trata de elevar hasta sí al compañero, la influencia total de la unión íntima es funesta al desarrollo del superior, y tanto más funesta cuanto más se aman y más confunden sus existencias los cónyuges. No impunemente cohabita el ser superior en inteligencia con el inferior, elevado a único amigo íntimo y diario. Toda compañía que no eleva rebaja, y cuanto más tierna y familiar sea, más cierto es el aforismo. Un hombre realmente superior se hace de menos valer cuando rige la asociación con el inferior. El marido que se une a una mujer inferior es perpetuamente rey en su sociedad habitual. De una parte ve siempre lisonjeado su amor propio, de otra se le pegan insensiblemente las maneras de sentir y de apreciar de espíritus más vulgares o más limitados. Este mal difiere de los demás males que he advertido, en que va en aumento.

La asociación de los hombres con las mujeres en la vida diaria, es hoy mucho más estrecha y más completa que antes. Antaño los hombres se reunían para entregarse a sus quehaceres o diversiones, y no concedían a las mujeres más que breves minutos de comercio sensual. Hoy el progreso de la civilización, la proscripción de los pasatiempos groseros y los excesos de la gula, solaz de la mayor parte de los varones, y ¿por qué no decirlo? la mayor rectitud de las ideas modernas relativas a la mutuidad de deberes que ligan al marido y a la mujer, inclinan al hombre a buscar en su casa y en el seno de su familia, los placeres y el trato que pide la sociabilidad. Por otro lado, la suma de perfección adquirida por la educación femenina, hizo a la mujer apta, hasta cierto punto, para servir de compañera a su marido en las cosas del espíritu, sin perjuicio de mantenerla casi siempre en los límites fatales de la inferioridad. Así es que el marido deseoso de comunión intelectual, encuentra, para satisfacerse, una comunión en que no aprende nada; una compañía que no perfecciona, que no estimula, ocupa el lugar de la que tendría que buscar si viviese solo: la sociedad de sus iguales por la inteligencia a por la elevación de miras. Así vemos que un hombre de porvenir, de grandes esperanzas, cesa de perfeccionarse desde que se casa, y al no perfeccionarse, degenera. Mujer que no impulsa a su marido hacia delante, le estaciona o le echa atrás. El marido cesa de interesarse por lo que no puede interesar a su esposa; no aspira ya a nada, no ama ya, y al fin, huye de la sociedad que compartía sus primeras aspiraciones y que le increparía por abandonarlas; las más nobles facultades de su corazón y de su espíritu se paralizan, y coincidiendo este cambio con el advenimiento de los intereses nuevos y egoístas creados por la familia, pasados algunos años no difiere en ningún punto esencial de los que jamás pensaron sino en satisfacer vanidades vulgares, o en lucro y provecho.

¡Cuán dulce pedazo de paraíso el matrimonio de dos personas instruidas, con las mismas opiniones, los mismos puntos de vista, iguales con la superior igualdad que da la semejanza de facultades y aptitudes, desiguales únicamente por el grado de desarrollo de estas facultades; que pudiesen saborear la voluptuosidad de mirarse con ojos húmedos de admiración, y gozar por turno el placer de guiar al compañero por la senda del desarrollo intelectual, sin soltarle la mano, en muda presión sujeta! No intento la pintura de esta dicha.

Los espíritus capaces de suponerla, no necesitan mis pinceles, y los miopes verían en el lienzo la utopía de un entusiasta. Pero sostengo, con la convicción más profunda, que ese, y solo ese, es el ideal del matrimonio; y que toda opinión, toda costumbre, toda institución que lo estorbe o lo bastardee sustituyéndolo por otro menos alto, debe perecer y ser borrada de la memoria de los hombres, como vestigio de la barbarie originaria.

La regeneración moral del género humano no empezará realmente hasta que la relación social más fundamental se someta al régimen de la igualdad, y hasta que los miembros de la humanidad aprendan a consagrar el mayor cariño, la mis santa adoración, la amistad más indestructible, a un ser igual suyo en capacidad ven derecho.

**Capítulo XXXV. Últimos y mayores bienes que traería consigo la libertad**

**Dulzura y belleza de la libertad en sí misma. Cómo solemos defender y estimar la propia, y cómo no atribuimos valor a la ajena. Goce íntimo de la emancipación. Efectos desastrosos que produce en un carácter altivo la privación de libertad. Cómo exalta la ambición**

Al examinar los bienes que el mundo obtendría no fundando en el sexo la incapacidad política y no convirtiéndolo en marca de servidumbre, he prescindido de los beneficios individuales para poner de relieve los que recaen sobre la sociedad, a saber: la elevación del nivel general del pensamiento y la acción, y la más perfecta base para la asociación del hombre con la mujer. No debo echar en saco roto un beneficio más directo, inmediato y tangible, a saber: las ventajas que a la mitad libertada de la especie, y la diferencia que hay para la mujer entre una vida de perpetua sumisión a la voluntad ajena y una vida de libertad y dignidad, fundada en la razón. Descartadas las primeras y urgentes necesidades de alimento y vestido, la libertad es la aspiración perpetua y el bien supremo de la naturaleza humana. Mientras los hombres no poseyeron derechos legales, deseaban una libertad anárquica, sin límites. Desde que han aprendido a comprender el sentido del deber y el valor de la razón, propenden cada vez más a dejarse guiar por razones y deberes en el ejercicio de su libertad. No por eso desean menos la libertad dulce y cara, ni están dispuestos a tomar la voluntad ajena por norma y regla de vida; antes al contrario, las sociedades donde más vigorosa crece la razón y más arraigada la idea del deber social, son las que más enérgicamente afirman la libertad de acción del individuo, el derecho de cada cual a regirse a sí propio, según el concepto que tiene del deber, y acatando leyes y reglas sociales que no sublevan su conciencia.

Para apreciar justamente cuánto vale la independencia de la persona como elemento de felicidad, consideremos lo que representa para nosotros y qué daríamos por conservarla. No hay piedra de toque para el juicio como aplicarnos a nosotros mismos la ley que a los demás queremos imponer. Cuando oímos que alguien se queja de no ser libre, de que no puede gobernar sus asuntos propios, nos dan ganas de preguntar: ¿Qué le pasa a este individuo? ¿De qué diablos se lamenta? ¿No tiene un administrador de primer orden? Y si al contestar a estas preguntas no vemos que sale perjudicadísimo el querellante, le volvemos la espalda y tomamos sus quejas como desahogos de un ente caprichoso y descontentadizo, a quien todo lastima y todo molesta. Que seamos los interesados, y ya pensaremos de otro modo. La administración más impecable de nuestros intereses, hecha por el tutor más íntegro, no nos satisfará en absoluto: estamos excluidos del consejo, pues ese es el intríngulis; ¿qué mayor daño? Cada uno sabe dónde le aprieta el zapato, y déjennos lo nuestro por nuestro, y allá se gobiernen los que nos gobiernan.

Lo mismo sucede en las naciones. Que le ofrezcan a un ciudadano de un país libre administrar divinamente los intereses de la patria a costa de su libertad. Aun cuando creyese que puede existir buena y hábil administración en pueblos privados de libertad, la conciencia de su responsabilidad moral en la elaboración de su destino sería compensación suficiente a los males originados de gobernarse a sí propio. Vivamos seguros de que cuanto sienten los hombres en punto a libertad, lo sienten las mujeres en el mismo grado, aunque callan; y lo sienten más de adentro, cuanto más dignas e ilustradas son.

Todo cuanto se ha dicho o escrito desde Herodoto hasta nuestros días sobre la influencia de los gobiernos libres para ennoblecer el carácter y elevar las facultades ofreciendo a los sentimientos y a la inteligencia horizontes más vastos y hermosos, inspirando un patriotismo más desinteresado, sugiriendo puntos de vista más amplios y serenos del deber y haciendo vivir al ciudadano, por decirlo así, en más altas cimas de la vida del corazón, del espíritu y de la sociedad, es tan verdadero para la mujer como para el hombre. ¿Acaso estas ventajas no forman parte de la felicidad individual? Recordemos lo que sentimos al salir de la tutela y dirección de nuestros padres, por cariñosos que fuesen, y al aceptar las responsabilidades de la edad viril. ¿No nos ha parecido que se nos quitaba de encima un peso enorme, que rompíamos ligaduras molestas ya que no dolorosas? ¿No nos hemos sentido doblemente vivos, más hombres que antes? ¿Acaso pensáis que la mujer no experimenta estos mismos sentimientos?

Por desgracia, el hombre es justo para sí, y en causa propia ve clara la razón y conoce lo que debe darse a la dignidad individual y a las aspiraciones inherentes a la naturaleza humana, pero al tratarse de los demás, se ofusca y no ve motivos tan poderosos para legitimar la emancipación que él ya ha conquistado. Quizá esto consiste en que los hombres, al hablar de sus propios intereses, les dan nombres sonoros y persuasivos. Estamos ciertos de que el papel de estos sentimientos no es menor ni menos intenso en la vida de la mujer; solo que la mujer guarda silencio, y ha sido educada para dar a esa ebullición interna de la voluntad empleo y dirección antinatural malsana; pero el impulso existe y se revela al exterior bajo otras formas. Un carácter activo y enérgico, a quien se le niega la libertad, busca el poder privado del señorío de sí mismo, afirma su personalidad tratando de someter a su voluntad al género humano. No conceder a las personas existencia propia, no permitirlas vivir sino bajo la dependencia ajena, es incitarlas y despeñarlas a que ensayen las artes del mando y quieran regir a los demás. Cuando no se puede esperar la libertad, se puede vislumbrar la dictadura; ésta llega a ser el principal objetivo de la voluntad humana; los que no son libres para administrar sus propios negocios, se satisfacen y consuelan entrometiéndose en los negocios ajenos con miras egoístas. De esto procede también la pasión de la mujer por la belleza, las galas, la ostentación y todos los males que del lujo se derivan bajo forma de derroche e inmoralidad social. El deseo del poder y el amor de la libertad, están en perpetuo antagonismo. Donde la libertad es menor, la pasión ambiciosa es más ardiente y desenfrenada. La ambición de mando será siempre una fuerza que deprave a la especie humana, hasta que llegue el día en que todo individuo mande en sí propio, ejercitando derechos legales que nadie le dispute; y esto solo podrá suceder en países donde la libertad del individuo, sin distinción de sexos, sea una institución respetada, orgánica, indiscutible.

## Capítulo XXXVI. Necesidad de empleo para la actividad de la mujer

**La religión y la beneficencia, únicos cauces abiertos a la mujer. Los chocarreros. La acción política de la mujer. Errar la vocación. El gran error social**

Ni es solamente el sentimiento de la dignidad personal el que nos lleva a encontrar en la libre disposición y libre dirección de nuestras facultades inagotable fuente de ventura, y en el servilismo un manantial de amarguras y humillaciones, lo mismo para el hombre que para la mujer. Excepto la enfermedad, la indigencia y el remordimiento, no hay mayor enemigo de la felicidad de la vida que la falta de un camino honroso, de un desahogado cauce por donde se derrame nuestra actividad.

Las mujeres que tienen familia que cuidar, encuentran, mientras el cuidado dura, campo abierto a su actividad, y generalmente les basta: pero ¿qué salida hay para las mujeres, cada día más numerosas, que no encontraron ocasión favorable para ejercer la vocación maternal, llamada, sin duda irónicamente, vocación especial de la mujer? ¿Qué salida tiene la mujer que perdió a sus hijos, arrebatados por la muerte, alejados por sus negocios, o que se casaron y fundaron nueva familia? Hay mil ejemplos de hombres que después de una vida dedicada completamente a los negocios, se retiran con una fortuna que les permite gozar de lo que ellos consideran el reposo; pero que, incapaces de buscarse nuevos intereses y nuevos móviles en reemplazo de los antiguos, no encuentran en el cambio de vida más que fastidio y una muerte prematura. Nadie comprenderá que esperan análoga suerte muchísimas mujeres dignas y nobles, que han pagado lo que se dice que deben a la sociedad, educado a su familia de un modo intachable, dirigido su casa mientras han tenido casa que dirigir, y que, dejada esta ocupación única a que estaban ya avezadas, permanecen en lo sucesivo sin empleo para su actividad, a menos que una hija o una nuera quiera abdicar en ellas el gobierno de un nuevo hogar. Triste vejez para las mujeres que tan dignamente cumplieron lo que el mundo llama su único deber social.

Para estas mujeres y para aquellas que languidecen toda su vida en la penosa convicción de una educación frustrada y de una actividad que no ha podido manifestarse y tener condigno empleo, no hay otro recurso en los últimos años sino la religión y la beneficencia. ¡Ay! su religión, sentimental y formulista, no consiente la acción sino bajo forma de caridad. Muchas mujeres son por naturaleza aptísimas para la beneficencia; pero ya sabemos que para practicarla útilmente sin que produzca malos efectos en el mismo socorrido, se requiere la educación, la preparación hábil, los conocimientos y las facultades intelectuales de un sabio administrador. Hay pocas funciones administrativas o gubernamentales para las cuales no sirva la persona capaz de entender la beneficencia. En este caso y en otros (y principalmente en lo tocante a la educación de los hijos), las mujeres no pueden cumplir perfectamente ni los mismos deberes que les hemos impuesto, a no haber sido educadas de modo que también podrían llenar los demás que la ley les veda y prohíbe.

Séame permitido recordar aquí el caprichoso cuadro que pintan, al tratar de la incapacidad de las mujeres, los que, en vez de contestar a nuestros argumentos, todo lo arreglan con cuatro bufonadas insulsas. Cuando decimos que el talento de la mujer para el gobierno y la prudencia de sus consejos serían útiles en los asuntos de Estado, nuestros jocosos adversarios nos convidan a que hagamos coro a las carcajadas que resonarían ante el espectáculo de un parlamento y un ministerio compuestos de muchachas de diez y ocho y diez y nueve años. Olvidan estos payasos que el hombre tampoco es llamado a esa edad a sentarse en el parlamento ni a desempeñar funciones responsables. El mero buen sentido debiera dictarles que si tales funciones se confiasen a las mujeres, sería a las que no teniendo vocación especial para el matrimonio o pudiendo conciliar con el matrimonio la vida política (lo mismo que hoy concilian muchas mujeres el matrimonio y las letras, el matrimonio y el canto, el matrimonio y la declamación, y hasta el matrimonio y la disipación mundana) hubiesen gastado los mejores años de su juventud en prepararse para el camino que aspiraban a seguir. En la vida política entrarían generalmente viudas o casadas de cuarenta a cincuenta años, que pudiesen, con preparación de convenientes estudios, utilizar en un campo más amplio la experiencia, las dotes de gobierno que hubiesen adquirido en la familia. No hay país en Europa donde el hombre no haya probado y estimado el valor de los consejos y de la ayuda de la mujer inteligente y experta. Hay también cuestiones importantes de administración para las cuales pocos hombres tienen tanta capacidad como ciertas mujeres, entre otras, la dirección económica, la crematística, la hacienda.

Pero ahora tratamos, no de lo necesarios que son a la sociedad los servicios de la mujer en los asuntos públicos, sino de la vida sin objeto ni finalidad a que se las condena prohibiéndolas emplear las aptitudes que muchas reúnen para los negocios políticos en terreno más amplio que el de hoy, terreno vedado para casi todas, si exceptuamos a las que por azar de nacimiento pisan las gradas del solio.

Si algo hay de importancia vital para la dicha humana, es sentir inclinación a la carrera en que entramos. Esta condición de una vida feliz no la llenan todos: hay centenares de hombres que erraron la vocación, y son desdichados y andan desorbitados durante su existencia entera: seres dignos de compasión, aunque no se les vea la llaga. Si este género de error no lo puedo evitar ni prevenir la sociedad, por lo menos está obligada a no imponerlo, ni provocarlo. Padres irreflexivos, la inexperiencia de la juventud, la falta de ocasión para conocer la vocación natural, y en suma, el conjunto de ocasiones que meten de cabeza al hombre en una profesión antipática, pueden condenarle a pasar la vida entregado a quehaceres que no entiende y le repugnan, mientras otro los desempeñaría a maravilla y a gusto.

Este género de horrible penitencia es el que pesa sobre la mujer y la abruma y la aniquila. Lo que son para el hombre (en sociedades donde no ha penetrado la ilustración) el color, la raza, la religión o la nacionalidad en los países conquistados, es el sexo para todas las mujeres en todo país; una exclusión radical de casi todas las ocupaciones honrosas. Los sufrimientos que se engendran de estas causas despiertan de ordinario tan poca simpatía, que casi nadie se ha fijado en la suma de dolores y amarguras que puede causar a la mujer el convencimiento de una existencia fallida y ahogada; estos sufrimientos llegarán a ser mayores y más comunes a medida que el incremento de la instrucción cree desproporción mayor entre las ideas y las facultades de las mujeres y el límite que la sociedad impone a su actividad. Cuando considero el daño positivo causado a la mitad de la especie humana por la incapacidad que la hiere, la pérdida de sus facultades más nobles y de su felicidad posible, y el dolor, la decepción y el descontento de su vida, comprendo que, de lo mucho que falta al hombre por luchar para vencer y disminuir las miserias inseparables de su destino sobre la tierra, lo más urgente es que aprenda a no recargar, a no agravar los males que la naturaleza le impone, con egoísmos, injusticias y celosas preocupaciones que restringen mutuamente su libertad y la de su compañera. Nuestros vanos recelos no hacen más que sustituir males que tememos sin razón, con otros positivos; mientras al restringir la libertad de nuestros semejantes por motivos que no abona el derecho y la libertad de los demás seres humanos, agotamos el más puro manantial donde el hombre puede beber la ventura, y empobrecemos a la humanidad arrebatándola inestimables bienes, los únicos que hermosean la vida y dignifican el alma.

Fin

## Libros a la carta

A la carta es un servicio especializado para

empresas,

librerías,

bibliotecas,

editoriales

y centros de enseñanza;

y permite confeccionar libros que, por su formato y concepción, sirven a los propósitos más específicos de estas instituciones.

Las empresas nos encargan ediciones personalizadas para marketing editorial o para regalos institucionales. Y los interesados solicitan, a título personal, ediciones antiguas, o no disponibles en el mercado; y las acompañan con notas y comentarios críticos.

Las ediciones tienen como apoyo un libro de estilo con todo tipo de referencias sobre los criterios de tratamiento tipográfico aplicados a nuestros libros que puede ser consultado en Linkgua-ediciones.com.

Linkgua edita por encargo diferentes versiones de una misma obra con distintos tratamientos ortotipográficos (actualizaciones de carácter divulgativo de un clásico, o versiones estrictamente fieles a la edición original de referencia).

Este servicio de ediciones a la carta le permitirá, si usted se dedica a la enseñanza, tener una forma de hacer pública su interpretación de un texto y, sobre una versión digitalizada «base», usted podrá introducir interpretaciones del texto fuente. Es un tópico que los profesores denuncien en clase los desmanes de una edición, o vayan comentando errores de interpretación de un texto y esta es una solución útil a esa necesidad del mundo académico.

Asimismo publicamos de manera sistemática, en un mismo catálogo, tesis doctorales y actas de congresos académicos, que son distribuidas a través de nuestra Web.

El servicio de «libros a la carta» funciona de dos formas.

1. Tenemos un fondo de libros digitalizados que usted puede personalizar en tiradas de al menos cinco ejemplares. Estas personalizaciones pueden ser de todo tipo: añadir notas de clase para uso de un grupo de estudiantes,

introducir logos corporativos para uso con fines de marketing empresarial, etc. etc.

2. Buscamos libros descatalogados de otras editoriales y los reeditamos en tiradas cortas a petición de un cliente.

www.ingramcontent.com/pod-product-compliance
Lightning Source LLC
Chambersburg PA
CBHW021505090426
42739CB00007B/481